Patrizia Fleischer bekam im Sommer 2019 die Diagnose „Bauch-speicheldrüsenkrebs mit Metastasen."
Seit dieser Zeit kämpft sie aktiv und erfolgreich gegen diese Krankheit an.

Dieses Buch möchte ich allen Betroffenen widmen, die von den Ärzten die Diagnose „Bauchspeicheldrüsenkrebs" mit dieser äußerst schlechten Prognose erhalten haben.

Bitte orientieren Sie sich nicht nur ausschließlich an dem Rat der Ärzte, sondern werden Sie auch selbst aktiv.

Informieren Sie sich, machen Sie sich Ihre eigenen Gedanken, lesen Sie Bücher zu diesem Thema und gehen Sie Ihren eigenen Weg! Bitte lassen Sie sich nicht unterkriegen, verzweifeln Sie nicht, bleiben Sie hoffnungsvoll und kämpfen Sie!

Auch heute geschehen noch „Wunder", die die Schulmedizin sich nicht erklären kann.

Patrizia Fleischer

Diagnose: Bauchspeicheldrüsenkrebs

Mein Weg durch diese schwere Zeit

© 2020 Patrizia Fleischer

Verlag & Druck: tredition GmbH, Halenreie 40-44, 22359 Hamburg

ISBN
Paperback   978-3-347-19331-4
Hardcover   978-3-347-19332-1
e-Book   978-3-347-19333-8

Inhaltsverzeichnis

Der erste Schock

„Haben Sie eine gute Nachricht für mich?" fragte ich Herrn Dr. Fuchs, als er an mein Bett trat.
Sein sorgenvolles Gesicht ließ mich sofort das Gegenteil vermuten.
„Es tut mir leid Frau Fleischer, das Ergebnis vom Computertomogramm (CT) liegt uns vor. Sie haben leider Krebs."

Bis dato hatte ich auf ein gutes Ergebnis gehofft, dass ich nur eine Entzündung hätte, die man relativ schnell in den Griff bekommen würde. Aber meine Hoffnung wurde in diesem Moment jäh zerstört.
„Wir haben festgestellt, dass Sie an der Bauchspeicheldrüse Krebs von ca. 2,5 cm Länge haben und an der Leber sind multiple Metastasen von bis zu 2 cm. Außerdem haben Sie zahlreiche Lymphknoten, die auch mit Krebs befallen sind. Wir können nicht sicher sagen, wo der Primärtumor sitzt, aber es könnte der an der Bauchspeicheldrüse sein.
Wir werden morgen eine Punktion der Leber vornehmen und eine Biopsie machen, um Einzelheiten über den Krebs zu erfahren", vernahm ich von Herrn Dr. Fuchs.

Ich kann nicht beschreiben, was in diesem Moment in mir vorging. „So, das war's", dachte ich mir, „von jetzt auf gleich ist mein Leben vorbei." Dies waren die ersten Gedanken, die mir in den Sinn kamen.
„Welche Chance habe ich?" fragte ich Herrn Dr. Fuchs mit einem großen Kloß im Hals.

Er wägte ab: „Na ja, wenn ein 90jähriger mit zig Begleiterkrankungen diesen Krebs bekommt, ist es natürlich was Anderes, als wenn Sie den Krebs haben. Sie sind ja noch relativ jung und stark", versuchte er mich aufzumuntern. Dann drückte er mir zur

Bestätigung die Hand und verabschiedete sich mit den Worten: „Wir sehen uns morgen zur Punktion."

Nun lag ich da und war wie erschlagen. Tausend Fragen gingen mir durch den Kopf.

„Warum ich, was habe ich falsch gemacht? Ich habe doch immer (meist) gesund gegessen. Warum mutet der liebe Gott mir das zu? Ich war doch immer und zu allen hilfsbereit, ist das die Strafe dafür?" Natürlich fand ich keine Antwort darauf.

Wie sollte ich das meiner Familie sagen - meiner Tochter Lina und meinen Sohn Max? Ganz zu schweigen von meinem Mann Jürgen. Lina war zwar schon 23 Jahre alt und hatte seit ca. 4 Jahren einen festen Freund, Ludwig, der schon so gut wie zur Familie gehörte. Sie hatte BWL studiert und war in den letzten Zügen ihres Studi-ums und hatte schon ab September einen Job als Steuerassistentin in einer Steuerkanzlei sicher. Sie ist eine empathische, junge Frau, die sehr mitfühlend und hilfsbereit ist.

Und mein Sohn Max, der schon 34 Jahre alt ist und seit Jahren in einer festen Beziehung mit seiner südkoreanischen Freundin EunHee lebt. EunHee ist schon seit vielen Jahren in Deutschland und spricht fast ganz perfekt deutsch. Und nicht zu vergessen mein Mann Jürgen, mit dem ich bereits seit 37 Jahren verheiratet bin. Meine Familie ist mein Ein und Alles. Wie werden sie reagieren?

Klar, hatte man oft Schlagzeilen gelesen, welcher Promi, oder jemand, den man vom Sehen kennt, Krebs hat. Aber dass mich das selber treffen würde, hätte ich niemals gedacht!

Den ganzen Nachmittag lag ich verzweifelt in meinem Bett. Gott sei Dank war ich alleine im Krankenzimmer, keine Schwester wagte sich zu mir herein. Sie waren bestimmt instruiert, mich in Ruhe zu lassen. Heiße Tränen liefen mir über das Gesicht und ich wurde vom Schluchzen geschüttelt.

Ich war so verzweifelt, dass mir nichts Blöderes einfiel, als in WhatsApp auf unserer „Family-Gruppe" eine Sprachnachricht zu hinterlassen, in der ich schluchzend mitteilte, dass herausgefunden wurde, dass ich Krebs hatte.

Es dauerte keine 10 Minuten, als Lina anrief und ins Handy schluchzte: „Mama, ich habe deine Nachricht gehört. Das ist furchtbar! Können wir gleich zu dir kommen?" Später erzählte sie mir, dass sie und Ludwig zu Ikea unterwegs waren, um neue Möbel für ihre erste, gemeinsame Wohnung zu bestellen. Sofort brach sie in Tränen aus, als sie meine Nachricht hörte und sie blieben stehen, um mich anzurufen.

Die Besuchszeit neigte sich dem Ende zu, als Lina und Ludwig mit Tränen in den Augen vor meinem Bett standen. Sie wollten es nicht glauben, sie weinten und drückten mich fest in ihre Arme.
Es war für mich eine schreckliche Situation, meine Familie so verzweifelt zu sehen. Wie sollte ich ihnen Mut machen, wenn ich selbst am Boden zerstört war?

In Windeseile sprach sich meine Diagnose im Freundes- und Bekanntenkreis herum.
Mein Sohn Max und seine Freundin EunHee waren auch tief bestürzt, als sie mich am nächsten Tag besuchten. Max versuchte tapfer, seine Tränen zu unterdrücken, was ihm nicht ganz gelang.
„Sag uns, wenn du was brauchst, wie wir dir helfen können", sagten sie zu mir, aber in diesem Moment konnte mir niemand helfen.

Mein Mann Jürgen kam auch am Spätnachmittag und wir lagen uns stumm und weinend in den Armen.
„Wie soll das weitergehen? Dann muss ich so eine komische Chemo machen, von der man immer über starke Nebenwirkungen hört. Oder kann man den Krebs weg operieren?" dachte ich mir.

Ich fühlte mich ja noch nicht alt. „Ich kann doch nicht aufgeben, nicht für meine Familie und auch nicht für mich! Soll das alles gewesen sein?" Die Gedanken schossen durch meinen Kopf, sie kamen und gingen, ich war zu keinem normalen Gedanken fähig.

Ich verbrachte eine unruhige Nacht mit wirren Träumen, wachte schweißgebadet auf und war am Morgen wie gerädert. Gut, dass ich wenigstens alleine in meinem Zimmer lag und meine Ruhe hatte!
Die Schwestern waren alle sehr freundlich zu mir, vermieden aber, groß mit mir zu sprechen. Ich habe später noch oft erlebt, wie hilflos Leute sind, wenn sie erfahren, dass man Krebs hat.

Ich war froh, dass ich keine großen Schmerzen hatte, nur ein Drücken im Oberbauch.
Deswegen hatte mir Herr Dr. Fuchs Novalgin Tabletten gegeben. Damit fühlte ich mich eigentlich körperlich ganz gut, meine psychische Seite war allerdings total auf dem Nullpunkt.

Am nächsten Tag, Freitag, kam Herr Dr. Fuchs am späten Vormittag mit einem Kollegen und sie punktierten meine Leber. Ich bekam mit einem Spray eine Betäubung und dann wurde meine Leber angepiekst. Das war schon unangenehm, aber es war relativ schnell vorbei und mir wurde mitgeteilt, dass das Ergebnis der Biopsie die Woche darauf am Mittwoch da wäre und man über das Wochenende eh keine weiteren Untersuchungen planen würde.

Ich bin ja eher ein Unruhegeist, und der Gedanke, das Wochenende hier alleine in meinem Bett verbringen zu müssen, während sich im Büro zu Hause die Arbeit stapelte, machte mich ganz unruhig.
„Außerdem werde ich hier verrückt, wenn ich das ganze Wochenende grübelnd im Bett liege und mir alle möglichen Szenarien ausmale", dachte ich bei mir.

Es ging mir ja soweit erst einmal gut, ich brauchte weder Infusionen noch ständige ärztliche Überwachung.

Mein Mann Jürgen ist selbständig und arbeitet als KFZ-Sachverständiger von zu Hause aus.
Ich bin seine rechte Hand und erledige den ganzen Bürokram für ihn, er ist der Techniker und ich bin für die Gutachten zuständig, dass sie in grammatikalisch einwandfreiem und optisch guten Zustand das Büro verlassen. Wir haben keine andere Kraft, wie sollte mein Mann das alleine hinkriegen?

Dies bereitete mir zusätzliche Magenschmerzen und deswegen fragte ich Herrn Dr. Fuchs, ob ich übers Wochenende heim könnte, denn in der Klinik würde man in dieser Zeit eh nichts mit mir machen.
„Ja, ok, ich verstehe das, wenn Sie selbständig sind. Sie müssen mir aber ein Formular unterschreiben, dass Sie auf eigene Verantwortung heimgehen. Wenn der Befund der Biopsie da ist, rufen wir uns zusammen und besprechen das Ergebnis", schlug mir Herr Dr. Fuchs vor.
Daraufhin gab ich ihm meine Handynummer, ich unterschrieb das Formular und Jürgen holte mich am Freitagnachmittag ab.

Rückblick

Meine Familie bedeutet mir Alles. Jürgen und ich sind seit 37 Jahren verheiratet. Eine verlässliche Ehe ohne große Katastrophen (Gott sei Dank). In den letzten 2 Jahren hatten sich ein paar Reibereien entwickelt, die stellenweise zu einer Krise führten, wir hatten aber stets das Steuer wieder herum gerissen.

Unser Sohn Max ist ein Wunschkind und ich war überglücklich, nach einer Fehlgeburt in recht kurzer Zeit wieder schwanger geworden zu sein. Wir waren eine kleine, bodenständige Familie.

Jürgen hatte seinen KFZ-Meister während der 8-jährigen Bundeswehrzeit gemacht und sich schließlich zum KFZ-Sachverständigen bei einer großen Organisation ausbilden lassen. Er liebte seinen Job, aber er hatte schon damals viel Stress, ein hohes Arbeitsaufkommen und zusätzlich viel Arbeit, die er sich fürs Wochenende mit heim nahm. „Können wir schon wieder nichts am Wochenende unternehmen?" maulte ich des Öfteren, wenn er sich stundenlang zu Hause im Büro vergrub.
„Schatz, es tut mir leid, anders schaffe ich das Pensum nicht, am Montag kommt schon was Neues", entgegnete er mir daraufhin.

OK, er verdiente ganz gut und bekam jährlich eine zusätzliche Ausschüttung, dafür arbeitete er aber wie ein Stier. Das Gute in dieser Zeit waren die Urlaube, die wir auch über mehrere Wochen machen konnten. Dies war uns später nicht mehr möglich.
Als unser Sohn Max 5 Jahre alt war, verbrachten wir einen 3-wöchigen Urlaub in Florida, zu Besuch bei „Mickey Mouse."

Damalige Nachbarn weilten 5 Jahre aus beruflichen Gründen in Orlando und so ergab es sich, dass wir sie dort besuchten und viele gemeinsame Ausflüge machten. Diese hatten 2 Mädchen mit 6 und

4 Jahren und unser Max verstand sich mit beiden gut. Dieser Urlaub war ein großartiges Highlight; wir besuchten das „Epcot Center", „Disney World", „Sea World", „Cape Canaveral" und die „Florida Keys."
Noch heute denken wir sehr oft mit Freude daran zurück.
Es ist bis dato unser schönster und längster Urlaub gewesen.

Wir wohnten damals mit Max in einem Vorort von München und hatten uns zuerst eine 3-Zimmer-Eigentumswohnung mit Gartenanteil gekauft. Ich verdiente als Halbtagskraft nicht so üppig, aber es war mir immer wichtig, auch über eigenes Geld zu verfügen. Wir hatten auch einen Kredit für die Wohnung aufgenommen, den wir auch in absehbarer Zeit zurückzahlen wollten. Außerdem war ich gerne unter Leuten, als „Nur-Hausfrau" konnte ich es mir gar nicht vorstellen.

Eingangs hatte ich eine Ausbildung zur Arzthelferin gemacht. Ich liebte meinen Beruf und war einige Jahre auch als Alleinkraft in einer internistischen Praxis tätig.
Nach der Geburt von Max 1986 fand ich jedoch keine für mich geeignete Halbtagsstelle in einer Praxis und arbeitete zunächst bei einem Discounter an der Kasse, was allerdings purer Stress, gerade in Verbindung mit einem Kleinkind, bedeutete.
Nach kurzer Zeit wechselte ich in ein Lagerhaus eines Warenhauses und hatte dort einige Jahre eine tolle Anstellung im Büro.
Als Max 9 Jahre alt war, war er schon des Öfteren mit „seinen Jungs" unterwegs und ich hatte ihn nur noch sehr selten zum Kuscheln.

In der Nachbarschaft waren einige Frauen wieder schwanger geworden und ich kam ins Grübeln, dass es doch schön wäre, noch ein Kind, idealerweise ein Mädchen, zu bekommen. Bis dato waren Jürgen und ich uns sicher gewesen, nur ein Kind zu wollen.

Jürgen und ich beschlossen, da er auch ein zweites Kind wollte, dass ich die Pille absetzen sollte und wir höchstens ein halbes Jahr „üben" wollten, um zu sehen, ob es klappen würde. Nach 3 Monaten war ich schwanger und die Freude war riesig, als sich im Juli 1996 noch ein kleines Mädchen, „Lina", zu uns gesellte.

Anfangs hatten unsere 2 Kinder keine großen Gemeinsamkeiten; 10 Jahre sind halt doch ein großer Altersunterschied.

Erst als unsere Lina ca. 15 Jahre und Max 25 Jahre alt waren, begannen sie, sich anzunähern und verstehen sich heute besser denn je.

Der Krankheitsbeginn

I ch hatte schon seit ca. 3 Wochen diffuses Magendrücken gehabt, das ich nicht zuordnen konnte. Man kennt dies ja, wenn man einen Virus oder eine Gastritis hat, aber dieses Mal fühlte es sich eben ganz anders an.

Ich hatte leichte Schmerzen im Ober- und Mittelbauch, die aber stärker wurden. Übel war mir aber dabei nicht, allerdings hatte ich auch keinen besonderen Appetit.

Deswegen war ich zu unserer Hausarztpraxis gegangen, die Helferin nahm mir Blut ab und der Arzt machte einen Ultraschall vom Oberbauch.

Es wurden erhöhte Entzündungswerte im Blut festgestellt; der Ultraschall ergab allerdings nichts, bzw. sie sahen nichts. Nachher wurde ich eines Besseren belehrt, denn es waren sehr wohl Metastasen an der Leber vorhanden, die man hätte sehen müssen, da jede ca. 2 cm groß war.

Ich wurde vom behandelnden Arzt vertröstet, es wäre wohl im Magen-Darmtrakt etwas im Anmarsch, man könne es noch nicht genau sagen. Ich solle die Novalgin Tropfen bei Bedarf nehmen und 2 Tage später wieder kommen.

Ich hatte die ganze Zeit schon so ein ungutes Gefühl, dass irgendetwas ganz und gar nicht stimmte. In der Nacht wachte ich mit zunehmenden Schmerzen auf und beschloss, mich selbst ins Krankenhaus einzuweisen. Mein Köfferchen hatte ich schon vorab gepackt, ich hatte es geahnt.

Die herbeigerufenen Sanitäter brachten mich also in den frühen Morgenstunden in die Kreisklinik. Ich hatte mein Köfferchen sowie die Blutwerte aus der Hausarztpraxis dabei.

Längere Zeit lag ich zunächst auf dem Gang, später in einem Untersuchungsraum, bis sich jemand um mich kümmerte. Die

Schmerzen hatten inzwischen etwas nachgelassen. Dann kam eine Arzthelferin, nahm mir Blut ab und fertigte ein EKG an.
„Was haben Sie denn für Beschwerden?" fragte mich dann die hinzugekommene Ärztin. Ich beschrieb ihr die aufgetretenen Schmerzen und daraufhin machte sie vom Oberbauch einen Ultraschall.
„Ich kann nichts Auffälliges feststellen", sagte sie zu mir.
„Entweder Sie gehen wieder nach Hause oder Sie bleiben hier und gehen auf Station, da können wir dann eine Magenspiegelung machen. Die Entscheidung liegt bei Ihnen."

„Was habe ich jetzt? Nichts? Das kann doch nicht sein! Bin ich ein Hypochonder?" dachte ich bei mir.
„Jetzt bin ich schon mal hier, ich möchte das abklären lassen", sagte ich zu der Ärztin.

So wurde ich also auf Station gebracht. Nach einiger Zeit holte mich ein Arzt und machte noch einmal einen Ultraschall von meinem Oberbauch.

Es dauerte längere Zeit, in der er mehrere Fotos machte, aber nichts zu mir sagte. Dann fragte ich ihn, ob jetzt die Magenspiegelung gemacht werden würde.
„Die brauchen wir jetzt nicht mehr. Sie haben eine Reihe von vergrößerten Lymphknoten, da müssen wir jetzt ein CT machen."

Mein Herz begann zu rasen, als ich dieses hörte.
„Ich habe Krebs", schoss es mir durch den Kopf. „Lieber Gott, bitte mach, dass das nicht stimmt."

Zu Hause

„Hast du deine Sachen alle dabei, die du brauchst, Medikamente und so?" fragte mich Jürgen, als er mich an diesem heißen 5. Juli aus dem Krankenhaus abholte.
„Ja Schatz, ich hab alles, lass uns fahren", entgegnete ich.
Wir fuhren nach Hause und ich war froh, dem Krankenhaus entkommen zu sein. Nur dort herumzuliegen und zu grübeln hätte mich wahnsinnig gemacht.

Zu Hause angekommen, war alles schön sauber geputzt. Rodica, die einstige Pflegerin meines inzwischen verstorbenen Schwiegervaters, die aus Rumänien kam, hatte alles tipptopp geputzt und auch die Wäsche gewaschen. Ich war ihr sehr dankbar dafür. Immer wenn sie sah, dass ich Hilfe brauchte, war sie umgehend zur Stelle. Darauf konnte ich mich blind verlassen.

Ich versorgte meine Medikamente und die Wäsche, die ich mitgebracht hatte und wurde stürmisch von unserem kleinen Chihuahua, Bailey, begrüßt. Er war 10 Jahre alt, also schon ein Hunde-Opa und er hatte auch eine Krankheit. Es bildete sich immer Wasser in seinem Kopf und an der Wirbelsäule und das drückte schmerzhaft auf seine Nerven.
Er bekam täglich seine 4 verschiedenen Medikamente, die ich auf einem Teelöffel zerdrückte, mit Wasser vermischte und mithilfe einer Spritze in sein Maul gab. Er kannte diese Prozedur und tolerierte dies, zumal es hinterher als Belohnung eine Hunde-Leberwurst gab.

Als Erstes ging ich zu Hause in unser Büro, das separat am Ende unseres kleinen Gartens in einem eigenen Anbau (Atelier) untergebracht war. Dies war sehr praktisch für uns, um abseits in Ruhe arbeiten und die Sachen auch liegen lassen zu können.

Jürgen hatte sich 2003 selbständig gemacht und wir waren recht zufrieden, was die Umsätze betraf. Das einzige Manko war die ständige Erreichbarkeit und die Tatsache, nie länger als 2-3 Tage in den Urlaub fahren zu können. Die Kunden erwarteten von uns, dass wir ständig erreichbar waren und sie auf die Schnelle einen Termin vereinbaren konnten. Unfälle passieren halt unvorhersehbar und die Leute wollen dann schnell ein Gutachten haben.

Es war einiges an Arbeit liegen geblieben, schließlich war ich 3 Tage im Krankenhaus gewesen und Jürgen hatte nur das Nötigste gemacht.
Er ist ein reiner Techniker und schickt seinen Werkstätten Gutachten über die Schäden an den Autos. Die grammatikalische Gutachtenerstellung und der E-Mail-Versand waren meine Aufgabe, die ich auch sehr gerne und gewissenhaft erledigte. Mir ging das flott von der Hand und wir verstanden uns blind. Ich wusste, was seine Schwachstellen sind, wir ergänzten uns perfekt.
An diesem Tag arbeitete ich im Büro mehrere Stunden und war dadurch sehr abgelenkt.

Lina war zu diesem Zeitpunkt seit Mitte Juni schon mit Ludwig in eine 2-Zimmer-Wohnung in München zusammengezogen und so waren Jürgen und ich alleine.

Das Wochenende verlief ruhig, ohne dass ich besondere Schmerzen gehabt hätte.
Jetzt war ich also zu Hause, machte nur die notwendige Büroarbeit und ruhte mich viel aus. Mit den Novalgin Tropfen kam ich gut ohne Schmerzen aus.

Natürlich machte ich mir laufend Gedanken, was jetzt genau bei dem Befund herauskommen würde. Ich versuchte dies zu verdrängen, was mir relativ gut gelang. Wenn das Ergebnis der Biopsie da wäre, würde man weiter sehen.

Am Dienstagvormittag war ein Techniker bei uns im Büro und sollte den Laptop auf Vordermann bringen.

Es war kurz nach 10 Uhr vormittags, als ich ein paar Walnüsse aß und kurz darauf heftigste Bauchschmerzen bekam. Ich nahm meine Novalgin Tropfen in größerer Menge und daraufhin eine Ibuprofen Tablette. Die Schmerzen wurden immer stärker und ich krümmte mich im Wohnzimmer auf dem Sofa unter Schmerzen.

„Ruf Rodica an!" bat ich Jürgen mit gepresster Stimme. Sie kam und packte mir in Windeseile wieder die Sachen für die Klinik zusammen.

Der Techniker, der mich so leiden sah, packte seine 7 Sachen, sagte kurz, dass es mir wohl nicht so gut gehen würde, er ein anderes Mal käme und war verschwunden.

„Ruf den Notarzt an", bat ich Jürgen unter Schmerzen und nach einer halben Stunde waren die Sanitäter da.

Eigentlich wollte ich nach München in die Uniklinik, aber nachdem ich erzählt hatte, dass ich auf das Ergebnis der Biopsie wartete, brachten sie mich in die Kreisklinik zurück.

Auf der Fahrt ins Krankenhaus gingen mir so viele Fragen durch den Kopf: „Was ist passiert, dass ich gar solche Schmerzen habe? Sind da womöglich noch woanders Metastasen? Was wird das Ergebnis der Biopsie bringen?"

Ich hatte ja immer noch Hoffnung, dass sich alles als doch nicht ganz so schlimm erweisen würde.

Die Diagnose steht fest

Zurück im Krankenhaus parkte man meine Liege im Gang und dort musste ich eine gefühlte Ewigkeit ausharren, während Krankenschwestern und Ärzte hektisch um mich herumliefen, um zuerst die allerschlimmsten Notfälle zu behandeln.

Endlich war ich an der Reihe und wurde von einer jungen Ärztin untersucht. „Sie waren ja letzte Woche schon da, warum sind Sie wieder nach Hause gegangen?" fragte sie mich.
Ich erklärte ihr, dass im Krankenhaus über das Wochenende ja eh keine Untersuchungen stattfinden würden und ich unbedingt nach Hause wollte, um die liegengebliebene Arbeit unserer Selbständigkeit im Büro abzuarbeiten.

„So haben Sie uns jetzt unnötige Arbeit beschert, denn jetzt läuft der ganze Notfallmechanismus nochmal an mit Blutabnahme, EKG, Ultraschall usw.", herrschte Sie mich an.
„Das tut mir leid, das habe ich nicht gewollt", antwortete ich zerknirscht.

Als alle Untersuchungen durchgeführt waren, musste ich noch auf das Ergebnis der Blutabnahme warten. Zwischenzeitlich sagte mir die Ärztin, dass der Befund der Biopsie gekommen sei. „Es tut mir leid, es ist festgestellt worden, dass sie Bauchspeicheldrüsenkrebs haben", teilte sie mir mit. Sie könne mir keine Einzelheiten dazu sagen, ich käme auf Station und dann sähe man weiter.

Von Pflegern wurde ich von der Notaufnahme wieder zur inneren Station gebracht, wo ich die Woche zuvor schon gewesen war.
Ich kam in ein Zimmer mit 2 anderen Patientinnen, die allerdings schon älter waren und auch Krebs hatten.

So, da war ich also wieder. „Wie wird es weitergehen?" fragte ich mich mit bangem Herzen.

In dieser Nacht bekam ich heftigste Schmerzen und keine Tablette half. Solche starken Schmerzen hatte ich in meinem Leben noch nie gehabt. Ich klingelte zigmal nach der Nachtschwester und bat sie mehrfach, dass ich endlich was Stärkeres bräuchte. Sie war alleine für mehrere Stationen zuständig und es war nur ein Arzt da, den sie fragen konnte.

Zwischendurch bekam ich ein Schmerzmittel mittels einer Infusion, das half mir aber leider auch nur kurzfristig. Schließlich bekam ich ein sehr starkes Medikament, dadurch wurde ich endlich schmerzfrei und konnte wieder schlafen.

Später erfuhr ich dass es Hydromorphon war, also ein Opiod.

Dieses nahm ich von da an regelmäßig, 4 mg früh und auch abends.

Am nächsten Morgen kam Herr Dr. Fuchs zu mir. Er hielt das Ergebnis der Biopsie in der Hand.

„Ja, es tut mir leid Frau Fleischer, leider hat sich der Befund bestätigt, dass der Haupttumor an der Bauchspeicheldrüse am Schwanz sitzt. Er ist ca. 2,5 cm groß. Das mit der Leber wissen Sie schon, dass Sie mehrere Metastasen dort haben, die alle so bis ca. 2 cm lang sind. Dazu kommen noch mehrere Metastasen an den Lymphknoten.

Ich schlage Ihnen vor, dass wir noch weitere Untersuchungen machen um zu sehen, ob sich irgendwo noch weitere Metastasen verbergen. Morgen machen wir bei Ihnen eine Magen-Darm-Spiegelung. Dazu ab heute Mittag bitte nichts mehr essen und abends dann diese Flüssigkeit trinken und abführen, Sie kennen das sicherlich."

Dann ließ er mich mit meinen Gedanken allein.

Nun stand die Diagnose also eindeutig fest und ich musste mich meinem Schicksal stellen.

Ich hatte einen dicken Kloß im Hals und Tränen liefen mir die Wangen hinunter.
Das war ja schon eine Hammerdiagnose, dann wären da womöglich noch zusätzliche Metastasen? Mir wurde bei diesem Gedanken ganz schlecht. Wie sollte mein Leben weitergehen?
Mir ging es doch bis dato immer gut. Ich hatte sämtliche Vorsorgeuntersuchungen gemacht, mir immer alle Punkte fürs Bonusprogramm der Krankenkasse geholt und zu guter Letzt mittels Ernährungsumstellung 10 kg an Gewicht abgenommen.

Der Abend zog sich elend langsam hin, unterbrochen von den Sitzungen auf der Toilette.
Am nächsten Morgen holte mich ein Pfleger gleich in der Früh ab, um mich zur Spiegelung zu bringen. Ich hatte eh schon mit meinem Leben abgeschlossen, noch schlimmer konnte es kaum werden.
Als ich aus meinem Dämmerschlaf erwachte, wurde ich wieder auf mein Zimmer gefahren. Gott sei Dank bekam ich am Nachmittag Besuch von meiner lieben Familie.

Lina und Ludwig traten an mein Bett, in ihren Augen standen Tränen. „Mama wie geht es dir?" fragte mich Lina. „Wir sind immer für dich da!" „Ich habe hier alles, danke meine Lieben", sagte ich. Ich drückte sie ganz fest und wollte sie nicht mehr loslassen.
Ich konnte auch nichts lesen, ich war so durcheinander, dass ich mich auf nichts konzentrieren konnte. Mein Mann Jürgen kam auch und drückte mir stumm seine Hand. Wir verstanden uns auch ohne Worte. Ich wusste, er litt mindestens genauso wie ich.

Ich bekam auch Besuch von meiner Freundin Iris. Sie drückte mich an sich und beteuerte, dass sie wirklich schockiert war, dass ich diese Diagnose bekommen hatte.

Herr Dr. Fuchs kam etwas später zu mir mit der Mitteilung, dass die Magen-Darm-Spiegelung unauffällig gewesen sei. Wenigstens etwas - dachte ich bei mir. „Wir sollten aber auf Nummer sicher gehen und auch noch ein MRT vom Kopf machen", sagte er zu mir. Dies passierte auch gleich im Anschluss.

Ich hatte ja Platzangst in dieser Röhre. „Kann ich bitte ein Mittel zum Schlafen bekommen, ich habe Platzangst in dieser Röhre", sagte ich. „Sie bekommen von mir ein Beruhigungsmittel", bot mir die freundliche Krankenschwester an und brachte es mir kurze Zeit darauf.

Jetzt musste ich allerdings im Rollstuhl hinunter gefahren werden, denn aufgrund des Beruhigungsmittels durfte ich nicht laufen. Ich wurde direkt in die Röhre geschoben und machte schnell die Augen zu und beamte mich mental an einen Strand, dies gelang mir recht gut. So war ich ganz ruhig.

Auch dieser Befund stellte sich als negativ heraus, also keine Metastasen im Kopf.

Herr Dr. Fuchs besprach mit mir die weitere Vorgehensweise.

„Also eine OP kommt für Sie wegen der Metastasen nicht infrage. Sie brauchen eine klassische Chemotherapie", sagte er.

Ich wollte aber unbedingt eine 2. Meinung hören, deshalb bat ich Herrn Dr. Fuchs, er solle mir einen Termin in der Uniklinik in München ausmachen. Ich wollte in diese Klinik, da ich dort geboren bin und ich dachte mir, es wäre ein gutes Zeichen, dahin zurückzugehen.

Obwohl ich schon seit langer Zeit aus der Kirche ausgetreten bin, glaube ich an Gott und hatte das starke Bedürfnis, in die Krankenhauskapelle zum Beten zu gehen.

Ich setzte mich in die vorletzte Reihe und begann inständig, den lieben Gott um Genesung und Kraft zur Bekämpfung meiner Krankheit zu bitten.

Der Termin in der Uniklinik in München klappte erfreulicherweise sehr schnell. Ich wurde am Freitag aus der Kreisklinik entlassen und hatte bereits am Montag den Termin in der onkologischen Ambulanz in München.

Die zweite Meinung

A m Montag, den 15. Juli 2019 hatte ich also einen Termin zur Vorstellung in der Uniklinik München zur Einholung einer Zweitmeinung.
Jürgen fuhr mich gegen Mittag hin und obwohl nicht viele Patienten vor mir warteten, dauerte es eine gefühlte Ewigkeit, bis ich an der Reihe war.
Ich hatte sämtliche Befunde inkl. dem CT aus der Kreisklinik dabei und hoffte immer noch, dass sich die schreckliche Diagnose doch nicht bestätigen würde.

Herr Dr. Sandner, ein vertrauenserweckender Arzt mittleren Alters, begrüßte uns und nahm mir die Befunde ab.
Er sah sie sich kurz an und sagte: „Ja, ich kann die Diagnose des Kollegen leider nur bestätigen."
„In Ihrem Fall kommt nur eine klassische Chemotherapie infrage, da sie bereits mehrere Metastasen haben. Es ist zwar noch nicht zu 100% sicher, dass der Haupttumor vom Pankreas kommt, aber zu 95%."
Ich konnte nicht verstehen, wie ich so plötzlich Krebs bekommen hatte, ohne etwas zu merken. Dies sagte ich dem Arzt auch und er meinte: "Dieser Krebs ist sehr heimtückisch. Wenn man die ersten Beschwerden hat, ist es im Allgemeinen schon zu spät. Die Behandlung ist sehr schwierig."
Dass die meisten Leute an diesem Krebs sterben, hatte ich ja schon im Internet gelesen.
Ich fragte daraufhin: „Herr Doktor, man hört immer wieder, dass es eine Antikrebsdiät gibt und man auf den Konsum von Zucker verzichten sollte. Was halten Sie davon?"
Er erwiderte: "Das hat man bis vor Kurzem gesagt. In erster Linie ist es wichtig, dass der Patient kein Gewicht verliert. Zucker ist heutzutage überall drin. Würde man ganz strikt auf den Zuckerkonsum verzichten, würde sich der Krebs, das bisschen Zucker,

was reinkommt, krallen, und der Körper/das Gehirn würde gar nichts abbekommen.

Essen sie was Ihnen schmeckt; ruhig auch mal ein Stück Torte oder Süßigkeiten, wenn Ihnen danach ist. Außerdem müssen sie leider mit einer Verringerung der Lebenserwartung rechnen."

Dann ergänzte er noch: "Bevor wir mit der Chemo anfangen, schicke ich Sie noch zu Frau Huber gegenüber in die Tagesklinik. Dort werden mit Ihnen Einzelheiten zur Chemo besprochen, Blut abgenommen und einen Zugang zur Vene (Port) brauchen Sie ja auch noch."

Mit diesen Worten verabschiedete er sich von uns, wünschte mir alles Gute und kündigte Frau Huber telefonisch an, dass wir in Kürze bei ihr vorbeischauen würden.

Das hatte schon dort lange gedauert, in der Tagesklinik mussten wir im Wartezimmer auch noch ewig warten.

Bei der Anmeldung war es ganz komisch: Da war die Theke mitten im Behandlungszimmer. Es gab ca. 10 Behandlungsstühle, die alle von Patienten belegt waren. Es gab keine Intimsphäre, einer saß neben dem anderen und jeder hatte einen Infusionsständer neben sich stehen. Dazwischen flitzten die Pfleger herum. Dies war das Gastro-Zentrum, also alles, was mit Magen-Leber-Galle-Speiseröhre-Bauchspeicheldrüse zu tun hatte.

Frau Huber rief mich auf und wir gingen in ein separates Besprechungszimmer. Dort erklärte sie uns die Chemo, dass wöchentlich eine Chemo vorgesehen sei für die Dauer von 3 Wochen und ich in der vierten Woche dann frei hätte, sodass sich mein Körper etwas erholen könnte. Außerdem bräuchte ich vorab einen Port als Zugang für die Infusion.

Sie nannte mir hierfür einen Termin in der Uniklinik für die nächsten Tage und dass ich dazu nüchtern kommen sollte.

Außerdem würde man mir den Port am Unterarm und nicht am Brustkorb unterhalb des Schlüsselbeins anlegen, da die Kollegen das machten, die ausschließlich den Zugang am Unterarm legen würden. Mir war das ja egal, wo er hinkam.

Dann wurde mir noch Blut für weitere Analysen abgenommen und Frau Huber schlug mir vor, an einer klinischen Studie teilzunehmen. Da ich schon früher in der klinischen Forschung gearbeitet habe, weiß ich, dass es immer vorteilhaft ist, an Studien teilzunehmen, da man medizinisch gesehen, dadurch auf dem neuesten Stand ist. Ich sagte meine Teilnahme zu; ich konnte später immer noch auf meinen Wunsch hin wieder aussteigen.

Nachdem alles besprochen war, bekam ich noch ein Betäubungsmittelrezept für Hydromorphon. Ich merkte auch, dass ich dieses Medikament brauchte, denn meine Schmerzen im Bauchbereich nahmen immer mehr zu, aber mit dem Hydromorphon hielt ich es gut aus.

Nun waren wir also fertig, es dauerte alles in allem 4 Stunden und ich war physisch und psychisch total fertig. Es war sehr heiß draußen als wir zu unserem Auto gingen und ich wollte nur noch heim, meine Ruhe haben und mich ausruhen.

Die erste Zeit

A m nächsten Morgen versuchte ich, die Sache pragmatisch anzugehen, was mir aber nicht gelang.
Ich war so aufgewühlt, voller Gedanken, Verzweiflung, Resignation und Schmerz, zu keinen normalen Gedanken fähig.

Dann fiel mir Sandra ein:
Eine sympathische Frau mittleren Alters, gut situierte Familie mit 2 Kindern - 15 und 10 Jahre alt. Ich hatte sie bei einem gemeinsamen Besuch einer Freundin kennengelernt, aber nicht mehr als 2 Worte bis dato mit ihr gewechselt. Sie hatte Brustkrebs schon vor 6 Jahren gehabt, hatte ihn überstanden und war erstmal geheilt. Vor 2 Jahren traten Metastasen am Rücken auf, die sich an ihrer Wirbelsäule ausbreiteten.
„Ich muss unbedingt mit Sandra Kontakt aufnehmen", dachte ich mir. „Wenn mir jemand Tipps geben kann im Umgang mit der Krankheit und den Ärzten, dann sie."
Über eine Freundin bekam ich ihre WhatsApp, schrieb ihr sofort und bat sie um ein baldiges Treffen.
Sie sagte zu („Besorg aber keine kleinen Teilchen - Süßes esse ich nicht", sagte sie) und bereits am nächsten Tag stand sie bei mir vor der Haustür, mit einem kleinen Blumenstrauß in der Hand. Sie begrüßte mich und drückte mich innig, obwohl sie mich ja eigentlich nicht kannte. Sofort kamen mir vor Rührung die Tränen.

Dann zog sie ein Päckchen aus der Tasche und übergab es mir mit den Worten: "Das ist der Graviola-Tee*. Den habe ich von meiner Heilpraktikerin. Der Tee kommt aus dem Amazonasgebiet in Südamerika, aus Peru, er besteht aus den Blättern der Stachelanemone und hilft nachweislich gegen Krebs, besonders gegen Bauchspeicheldrüsenkrebs.
Trink ihn nach Anleitung – 1.5 Liter täglich frisch aufgebrüht."

Ich freute mich total, dass sie so aufmerksam und liebevoll war. „Hast du Lust auf eine Runde spazieren gehen im Park?" fragte sie mich. Das Wetter war toll, es war Ende Juli und so konnte unser Hund Bailey auch mitgehen.

Ich erzählte ihr meine Geschichte, wie alles anfing, von meinen Beschwerden, welche Untersuchungen gemacht wurden und von meinen Blutwerten. Meine Leberwerte waren stark erhöht, wohl aufgrund der Metastasen und auch die Entzündungswerte waren gestiegen.

„Das wird dauern, bis du den Krebs akzeptiert hast", sagte sie zu mir. „Er nimmt dein ganzes Leben in Beschlag. Du musst lernen, dass du jetzt der wichtigste Mensch in deinem Leben bist. Kümmere dich nur um dich, alles andere ist jetzt Nebensache. Und vor allem: Lass dir helfen! Bitte andere um Hilfe, alleine kannst du den Haushalt und alles nicht schaffen! Nimm die Hilfe an. Ich bin immer für dich da. Wenn du weinen willst, dann weine."
Sie drückte mich wieder zur Bestätigung und das tat mir so gut. Jetzt hatte ich schon mal eine „Verbündete", die über mich Bescheid wusste und mir Ratschläge geben konnte.
Später erzählte sie mir ihre Geschichte - wie sie zuerst geheilt war und dann der Krebs zurückkam. Die Ärzte gaben ihr noch 2 Jahre zu leben; sie lebte damals schon über der Zeit…

Sie erzählte mir, dass sie sehr gläubig und ihre Familie ihr Ein und Alles sei. Sie wollte unbedingt den Abi-Ball ihrer Tochter erleben, das würde noch ungefähr 3 Jahre dauern. Sie ist eine bildhübsche Frau, man sieht ihr die Krankheit nicht an und die Leute können gar nicht glauben, dass sie so krank ist. Sandra bekommt auch immer Infusionen zur Stabilisierung der Wirbelsäule, die Metastasen würden sich sonst zu sehr ausbreiten. Sie ist der aufmerksamste und liebenswürdigste Mensch, den ich kenne.

Sie erzählte mir auch, dass sie weitgehend auf Zucker und Kohlenhydrate verzichtet und fast ausschließlich Eiweiß in Form von magerem Fleisch, Fisch und Hülsenfrüchten isst und eben Salat und Gemüse. Sie ist auch gertenschlank und sehr diszipliniert. Zucker, meinte sie, lässt den Krebs nur wachsen...

Nachher gingen wir wieder zu uns nach Hause, wo mein Mann Jürgen auf uns wartete. Sie erklärte ihm, dass sich für die nächsten 2 Jahre unser Leben nur um unsere Familie und meine Krankheit drehen würde. „Große Aktivitäten könnt ihr keine machen, konzentriere dich auf dich und deine Therapie.
Ihr braucht jetzt sehr viel Kraft. Jürgen, du wirst viel gebraucht werden und helfen müssen.
Ich gehe regelmäßig zu einer Therapeutin, sie unterstützt mich mit einer Krebsbegleittherapie und coacht mich, wenn ich wieder mal am Boden zerstört bin. Mein Mann würde mir alles streichen, aber nicht das Geld für diese Frau. Da gehe ich niedergeschlagen rein und komme erhobenen Hauptes wieder heraus. Außerdem esse ich keinen Zucker, da Krebs Zucker liebt."

Sandra blieb mehr als 2 Stunden bei uns und das tat mir richtig gut. Bis dato hatte ich ja niemanden, mit dem ich mich auf Augenhöhe über meine Krankheit hätte unterhalten können.
Ich bewundere Sandra, wie offen sie mit ihrer Krankheit umgeht und wie sie stets optimistisch, gut gelaunt und hilfsbereit ist. Sie hat immer ein offenes Ohr für Probleme.

Beim Abschied versprachen wir uns, regelmäßig per WhatsApp in Kontakt zu bleiben und uns hin und wieder zu treffen.

Sandras Therapeutin kannte ich ja bereits. Ich hatte 2 Jahre zuvor bei ihr eine Ernährungsumstellung gemacht, da ich häufig ein Völlegefühl und Aufstoßen hatte. Eine Magen-Darm-Spiegelung hatte keinen krankhaften Befund ergeben und so beschloss ich, mit der Reduzierung meines Kampfgewichtes von 80 kg bei einer Größe von 168 cm zu beginnen.

Zuerst wurde mir damals von der Heilpraktikerin (wir waren sofort per „Du") Blut abgenommen und geschaut, was für eine Genetik und Epi-Genetik sowie Blutgruppe ich mitbringe und was für ein Stoffwechseltyp ich bin. Aus diesen Merkmalen lässt sich entnehmen, was ich ernährungstechnisch überhaupt essen kann und von was ich die Finger lassen sollte.
Dabei kamen für mich erstaunliche Sachen heraus.

Ich vertrage zum Beispiel Kuhmilch nicht gut, mein Darm kommt damit nicht gut klar. Anstelle dessen ist Hafer- oder Mandelmilch, Sojamilch bzw. laktosefreie Milch für mich gut.
Außerdem mag mein Körper tierisches Eiweiß nur in Form von Geflügelfleisch - Hähnchen oder Pute - und Eier, bei Fisch bin ich hingegen sehr gut aufgestellt.

Nach diesem Plan sowie viel Gemüse, Salat und zuckerarmen Obst hatte ich daraufhin innerhalb eines Jahres 10 kg an Gewicht abgenommen, ohne zu hungern. Dabei waren Kohlehydrate in Form von Brot, Nudeln, Kartoffeln und Reis am Anfang ganz verboten, später nur in sehr geringem Ausmaß erlaubt.
Bis dato hatte ich mich sehr kohlehydratlastig ernährt, ich liebte Butterbrezen, Süßigkeiten usw. Zum Kaffee musste es bei mir immer was Süßes geben, das war wie eine Sucht.

Ich konnte somit mein Gewicht auf 70 kg reduzieren, fühlte mich sehr gut und konnte problemlos mein Gewicht halten.
Diese Heilpraktikerin war mir also bekannt und ich überlegte, sie aufzusuchen und zum Thema „Krebs" zu befragen.

Am nächsten Tag bekam ich einen Anruf von der Tagesklinik, wo mir mitgeteilt wurde, dass man vor Beginn der Chemotherapie noch meinen Pankreas punktieren wollte um zu testen, was für ein Typ Krebs das sei und auf welche Zytostatika (Antikrebsmittel) er reagieren würde.

2 Tage später begab ich mich also in die Uniklinik zu dieser Untersuchung. Ich lag mit 2 älteren Damen im Zimmer, die ebenfalls an Krebs litten.

Die Frau am Fenster hatte genau wie ich denselben Krebs mit diversen Metastasen. Bei ihr kamen die Beschwerden genauso plötzlich wie bei mir. Sie hatte sich vor Beginn der Chemo noch eine Lungenentzündung zugezogen, die in der Klinik mittels einer Antibiotikainfusion therapiert wurde.

Die Frau neben meinem Bett hatte einen Tumor an der Galle, ebenso mit Metastasen und sie war recht schwach. Sie klagte über Appetitlosigkeit, Schwindel und Kraftlosigkeit. Sie bekam Infusionen und hochkalorische Trinkampullen.

„So wird es mir auch bald gehen", dachte ich deprimiert. Mein Appetit war zu dieser Zeit auch reduziert, aber mir war wichtig, doch etwas zu essen, da ich sonst keine Kraft mehr haben würde. In der Kreisklinik hatte ich schon ein paar Kilo an Gewicht verloren, da ich bedingt durch die ganzen Untersuchungen erst nachmittags ca. um 15 Uhr das erste Mal etwas zu essen bekam.

Meine Schmerzen hatte ich mit den morgend- und abendlichen Gaben von Hydromorphon und zusätzlichen 3 Novalgin Tabletten gut im Griff.

Die Untersuchung wurde unter Vollnarkose durchgeführt und es ging schnell vorbei. Ich wurde wieder zurück auf mein Zimmer gebracht und musste noch eine Nacht zur Beobachtung da bleiben. Damit sich meine Bauchspeicheldrüse wieder beruhigte, bekam ich einen Sandsack auf den linken Oberbauch gelegt.

Am nächsten Tag wurde mir vom Arzt mitgeteilt, dass es jetzt zweifelsfrei sei, um welche Art Tumor es sich bei mir handeln würde.

Ich durfte wieder nach Hause, Jürgen holte mich ab und 3 Tage später sollte die Chemo beginnen.

Der Port wurde auch noch schnell am linken Unterarm gelegt.

Die Chemotherapie

M eine erste Chemo fand an einem Donnerstag Anfang August in der Tagesklinik der Uniklinik in München statt.
Ich hatte mich zuvor bei der Krankenkasse erkundigt, wie ich da am besten hinkommen sollte, Parkplätze gab es dort nicht.

Krebspatienten wird die Hin- und Rückfahrt zur Chemo mit dem Taxi bezahlt. Es verbleibt ein geringer Eigenanteil beim Patienten (bei mir 5 Euro pro Fahrt). Für mich waren das 10 Euro pro Chemotherapie-Tag, also gut machbar.

Ich wählte ein lokales Taxiunternehmen vor Ort, das sehr zuverlässig und pünktlich war.

Ich wurde um kurz nach 7 Uhr in der Früh abgeholt und ca. eine Stunde bevor die Chemo zu Ende war, rief ich wegen der Abholung an.

Ich kam also um 8 Uhr an und nahm mit anderen Patienten noch im Wartezimmer Platz. Dort traf ich auf die Frau, die in der Klinik neben mir lag, als bei mir die Punktion vom Pankreas gemacht wurde. Es gab ein freundliches „Hallo" und die jeweilige Frage nach dem Befinden. Sie war recht abgemagert und schwach und ernährte sich vorwiegend von „Astronauten-Nahrung". Diese heißt „Fortimel" und es gibt sie in verschiedenen Geschmacksrichtungen, hochkalorisch mit viel Fett und Zucker. Ich bekam von der Tagesklinik des Öfteren eins angeboten, aber es widerte mich nur an.

Wir wurden von dem Pfleger Udo ins Behandlungszimmer gerufen. Da stand eine Liege neben der anderen ohne Privatsphäre. Auf den Beistelltischen lagen Leitzordner mit den Namen der Patienten versehen, und so konnte jeder seinen Platz finden.

Da ich neu dort war, wurde mir der Platz gezeigt und die Infos rund um die Infusionen gegeben.

Zuerst wurden die Vitalwerte gemessen, also Blutdruck, Puls, Temperatur im Ohr und die Frage nach dem aktuellen Gewicht. Zusätzlich musste jeder Patient einen Fragebogen zu seinem aktuellen Befinden ausfüllen.

Danach kam ein Arzt und stach mir mit einer Nadel den Port an. Dies war immer etwas unangenehm. Es wurden mehrere Röhrchen Blut abgenommen für verschiedene Bestimmungen, die weißen und roten Blutkörperchen, der Blutfarbstoff und viele andere Laborparameter. Durch die Chemo werden ja leider nicht nur die bösen Zellen des Krebses, sondern auch die gesunden Zellen vernichtet. Lag die Zahl der weißen Blutkörperchen (Leukos) unter dem Wert von 3000, wurde keine Chemo verabreicht.

Wenn das Ergebnis der Blutuntersuchung vorlag und diese in Ordnung war, wurden die jeweiligen Antikrebsmittel (Zytostatika) in der hauseigenen Apotheke bestellt. Diese wurden immer auf Bestellung frisch zusammengestellt, sie sind ja auch sehr teuer.

Dies konnte auch dauern und somit zogen sich die Infusionen auch 3 Stunden oder länger hin. Zuvor gab es auch immer eine Infusion gegen Übelkeit.

Wenn man mal auf die Toilette musste, hatte man seinen Infusionsständer, den man von den Kabeln abstöpselte und vorsichtig hinter sich herzog.

Udo der Pfleger war wirklich immer gut aufgelegt, er servierte, wie er es nannte, den „Aperitif" und später den „Cocktail". Alle Pfleger in der Uniklinik waren sehr empathisch und lasen uns Patienten die Wünsche von den Augen ab. Uns wurde Kaffee angeboten, Wasser und auch warme Tütensuppen. Zum Kaffee bekamen wir auch Kekse gereicht, die ich allerdings nie gegessen hatte.

Ich hatte mir Sandra als Vorbild genommen und begann, Zucker und auch Kohlehydrate zu meiden. Kohlehydrate werden vom Körper auch in Zucker umgewandelt und dies lässt den Krebs wachsen.

Ich wählte anfangs den Donnerstag als Chemo-Tag aus, um mich am Wochenende von der Chemo wieder erholen zu können.
Die ersten Chemo fand also statt und ich las nebenbei, hörte mein Hörbuch oder schlief etwas. Sollte eine Infusion leer sein, erklang ein Läuten und die Pfleger wussten Bescheid.
Ich wurde mittags vom Taxi wieder abgeholt und nach Hause gebracht.

Bei der ersten Chemo war ich ganz argwöhnisch, wie mein Körper wohl darauf reagieren würde, wann man davon etwas merken würde. Während die Chemo-Infusion lief, merkte ich überhaupt nichts.
Die erste Chemo verkraftete ich recht gut und hatte keine Beschwerden. In der Nacht wurde mir allerdings übel und die Übelkeit begleitete mich auch noch am nächsten Vormittag. Dagegen hatte ich Medikamente bekommen, wo ich gut gegensteuern konnte.

Ich wurde in der Tagesklinik überhaupt sehr großzügig mit Medikamenten versorgt. Von dort bekam ich auch mein Hydromorphon, das ich früh und abends, sowie als zusätzliches Schmerzmittel, Novalgin, nahm. Allein von dem Novalgin durfte ich täglich 4-6 Stück nehmen, der Wahnsinn!
Ich nahm nur das Nötigste, 3 Stück am Tag, auch das empfand ich als viel.
Und zu guter Letzt bekam ich auch das Hydromorphon als Akutmedizin, wenn die Schmerzen ganz plötzlich kamen. Von dieser Akutdosis habe ich, soweit ich mich erinnern kann, nur eine einzige Tablette genommen.

Jürgen war rührend um mich besorgt, er half mir, wo er nur konnte und im Büro machte ich nur das Nötigste.

„Wie geht das mit mir weiter? Werde ich schon bald sterben?"
Ich war völlig entmutigt und am Boden zerstört. „Lohnt sich die
Chemo überhaupt? Vielleicht sollte ich gleich aufgeben - es ist
doch nur Quälerei", dachte ich mir.

Akzeptieren der Krankheit

Ich kann gar nicht beschreiben, wie ich mich in der Anfangszeit fühlte. Die Haupt-Metastasen, die gemessen wurden, waren insgesamt ca. 9 cm lang, also gar nicht so klein. Die kleineren Metastasen wurden gar nicht mitgemessen.

Ich versuchte mich durch die Arbeit im Büro abzulenken, aber meine Gedanken drifteten immer wieder ab.

„Wie konnte es sein, dass der Tumor mit den Metastasen bis zu dieser Größe gewachsen war und ich nichts davon gemerkt hatte?" Ich hatte meistens gesund gelebt, von den psychischen Problemen später mehr.

„Aber habe ich doch nicht öfter mal eine Flasche Rotwein alleine getrunken? Und Süßigkeiten hatte ich bis zu meiner Ernährungsumstellung auch viele gegessen. Und Fastfood war des Öfteren auch dabei." So nach und nach fiel es mir wieder ein. „Kann das der Krebsauslöser gewesen sein?" Ich zermarterte mir meinen Kopf bei diesen Gedanken…

„So schnell soll mein Leben vorbei sein?" dachte ich mir. Ich war 57 Jahre alt, meine Kinder waren groß und Jürgen und ich wollten doch jetzt unser Leben genießen – und jetzt das!

Wenn ich im Internet nach dem Bauchspeicheldrüsenkrebs googelte, hieß es, er sei der aggressivste Tumor und führt ohne Chemo in 2-3 Monaten zum Tod, mit Chemo konnte man die Lebenszeit etwas hinauszögern.

Ich war verzweifelt, weinte und war buchstäblich zu nichts zu gebrauchen. Ich haderte mit meinem Schicksal, warum der liebe Gott mir das so zumutete. Im ganzen Wohnzimmer lagen Infobroschüren zum Thema „Krebs, Sozialleistungen, Schwerbehindertenausweis, Arztberichte" usw. herum.

Die ersten 4 Wochen vegetierte ich nur vor mich hin, ohne Aussicht auf eine Besserung. Abends weinte ich mich in den Schlaf, Jürgen war mindestens genauso fertig wie ich.

Vom Hausarzt, wo ich damals die erste Ultraschall-Untersuchung machen ließ, musste ich noch einen Überweisungsschein für die onkologische Ambulanz der Uniklinik holen.
Ich war mir sicher, dass mein behandelnder Arzt mich zu sich hereinrufen und sein Bedauern oder Mitgefühl zu dieser Diagnose zum Ausdruck bringen würde. Eine Entschuldigung dafür, dass er die Metastasen an der Leber nicht gesehen hatte, erwartete ich gar nicht.
Aber nichts in dieser Richtung geschah. Ich bekam meinen angeforderten Überweisungsschein von der Arzthelferin und ein Rezept für eine Perücke, da mir durch die Chemo sowieso alle Haare ausfallen würden.
Ich war menschlich so enttäuscht, das kann ich keinem sagen. Ich hatte auch vor, nur noch in dringenden Fällen in diese Praxis zu gehen. Rezepte bekam ich eh alle in der Tagesklinik.

Zu dieser Zeit plante ich bereits meine eigene Beerdigung.
Die Leute sollten der Tierschutz-Organisation „4 Pfoten" spenden, da ich sehr tierlieb bin und monatlich dorthin spende. Blumen hätte ich mir nur von den Kindern und Jürgen gewünscht.

Meine Heilpraktikerin

I ch hatte also meinen ersten Termin bei meiner Heilpraktikerin. Ich nahm ihr alle Befunde mit die ich hatte, damit sie sich ein Bild von mir und meiner Krankheit machen konnte. Ich kannte sie ja bereits und der erste Termin dauerte gut 2 Stunden.

Meine Therapeutin beschrieb mir die Therapie, die sie bei mir durchführen wollte, genannt die Cellsymbiosis-Therapie* nach Herrn Dr. med. Heinrich Kremer.

Diese Therapie beinhaltet ein Gesamt-Therapiekonzept, beruhend auf wissenschaftlichen Erkenntnissen.
Nach Herrn Dr. Kremer ist bei der Krankheit ‚Krebs' und auch bei anderen chronischen Erkrankungen die Mitochondrien-Funktion in den Körperzellen gestört. Mitochondrien sind die Kraftwerke in den Zellen.

Das Behandlungskonzept der Cellsymbiosis-Therapie besteht aus 9 Säulen:
-Ernährungstherapie
-Der Darm
-Mikro-und Makronährstoffe
-Vitalstoffe
-Infusionstherapien
-Schwermetall-Entgiftung
-Psychotherapie
-Eliminierung von Elektro-Smog
-Ergänzende Therapien

Ziel der Behandlung ist die Regeneration und Verbesserung der Mitochondrien und Aktivierung der Selbstheilungskräfte des Körpers.

Nachdem meine Therapeutin mir diese Therapie erklärt hatte, schlug sie mir vor, zuerst mit der Erstanamnese zu beginnen. Diese beinhaltete Fragen zu meinem früheren und jetzigen Gesundheitszustand.

Außerdem schlug sie mir einen Bluttest vor, der Aufschluss darüber geben sollte, was ich an Nahrungsmitteln gut verstoffwechseln kann und was nicht. Außerdem kämen bei diesem Bluttest Defizite wie Nährstoff- und Vitaminmangel ans Tageslicht, die man entsprechend supplementieren konnte.

Meine Heilpraktikerin nahm sich viel Zeit, mir das Behandlungskonzept und die Auswirkungen auf den Körper zu erklären.
Dazu zählte auch die Chelat-Therapie*.
Diese Therapie ist wissenschaftlich fundiert und hier werden mittels einer Infusion die Gifte nach der Chemo wieder aus dem Körper geleitet, damit der Körper nicht noch weiter belastet ist.

Mir klang das insgesamt ganz plausibel und ich wollte so schnell wie möglich damit beginnen.
„Vielleicht habe ich doch eine Chance, diese Krankheit zu bekämpfen", dachte ich bei mir.

Ein paar Tage später hatte ich bei meiner Heilpraktikerin den Termin für die Erstanamnese und die Blutabnahme.
Das Ergebnis der Blutwerte dauerte eine knappe Woche und zwischenzeitlich war die erste Chelat-Infusion geplant.
Diese Infusion sollte ich immer 2 Tage nach der Chemo bekommen, um die Gifte, die auf die Zellen eingewirkt hatten, wieder auszuleiten. Meine Therapeutin gab mir auch wissenschaftliche Unterlagen einer Studie darüber, wo ich alles gut verständlich nachlesen konnte.
Demnach wird die EDTA-Chelat-Therapie seit über 50 Jahren weltweit erfolgreich praktiziert. Sie wird in Deutschland von spezialisierten Chelat-Therapeuten DACT (Ärzten und Heilprakti-

kern) streng nach den Internationalen Richtlinien durchgeführt und ist auf Erfolgskurs in der Entgiftungstherapie, sowie bei der Behandlung und Prävention aller degenerativen Erkrankungen.

Ich hatte also meinen ersten Termin für die Chelat-Therapie.
Es waren zwischen 20 und 30 Infusionen geplant, jeweils 2 Tage nach der Chemo.
Hatte ich in der 4. Woche des Zyklus (ein Zyklus ist ein Monat) Chemo-frei, musste ich auch nicht zwingend eine Chelat-Infusion bekommen.

Ich zog mir bequeme Kleidung an und lud mir ein Hörbuch auf mein Handy, um für mehrere Stunden gewappnet zu sein.
Diese Infusion braucht mindestens 3 Stunden um in den Körper zu laufen, dies darf nicht schneller geschehen, da es sonst eine zu große Belastung für den Organismus ist.

Ich genoss diese Zeit sehr, da mich meine Therapeutin stets fürsorglich umsorgte, mich mit einer Decke zudeckte, etwas zum Trinken (um die Nierentätigkeit anzuregen) und kleine Obststücke brachte und leise Musik anstellte.
Zwischendurch nickte ich immer wieder ein, da ich ganz entspannt war und mich wohl fühlte.

Ergänzend zu der Chelat-Therapie erhielt ich auch von meiner Therapeutin verschiedene Infusionen, die nach einem gewissen Schema (Protokoll) und nach meinen Bedürfnissen zusammengestellt wurden. Diese beinhalteten unter anderem auch Vitamine, um die Widerstandsfähigkeit meines Körpers heraufzusetzen.

Das nahm natürlich alles eine gewisse Zeit in Anspruch, die ich aber immer mehr genoss und in der ich auch meinen Träumen nachhängen konnte.

Nährstoffe und die Ernährungstherapie

Durch die Blutanalyse kam heraus, an welchem Mangel bezüglich Vitaminen, Makro- und Mikronährstoffen ich litt und was mein Körper verstoffwechseln konnte.

Meine Heilpraktikerin erläuterte mir das sehr anschaulich und erstellte mir diesbezüglich einen Therapieplan, bestehend aus verschiedenen Nahrungsergänzungsmitteln (NEM) und auch zusätzlich Tropfen zur Unterstützung, z.b. welche, die meine Leber entlasten sollten. Meine Leber war ja aufgrund der Metastasen geschwächt und auf den Rat meiner Therapeutin hin, sollte ich diese entlasten und ihr bei der Entgiftung helfen.
Zusätzlich riet sie mir einen Lebertee zu trinken, bestehend aus verschiedenen Kräutern, der ebenfalls entlastend wirkte und empfahl mir, ab und zu einen Leberwickel zu machen.(Ein Handtuch wird in heißes, nicht kochendes Wasser getaucht, ausgewrungen, dann unterhalb des rechten Rippenbogens gelegt mit einer Wärmflasche darauf, man kann das Ganze noch mit einem trockenen Tuch abdecken (für ca. 45 - 60 Minuten).

Anhand der Blutanalyse kam z.b. ein Eiweißmangel zu Tage, wo ich auch NEM nehmen sollte (Amino), denn das Eiweiß in der Nahrung kann der Körper nicht alles verwerten.
Mein Vitamin-D-Haushalt war auch erniedrigt, dieser Spiegel ist ebenfalls wichtig gegen verschiedene Krankheiten, inklusive Krebs. Ebenso hatte ich einen Zinkmangel. Zink braucht der Körper unter anderem für sein Immunsystem und dieser kann vom Körper nicht selbst hergestellt werden Hier ergänzte ich auch mit NEM's.

Da mein Körper ja durch die Chemo auch geschwächt war, erhielt ich von meiner Therapeutin auch Antioxidantien und einen Nährstoffkomplex, um die optimale Zellversorgung mit allen Mikronährstoffen sicherzustellen.

Diese Vielzahl von NEM's war am Anfang schon gewöhnungs-bedürftig, ich sah aber die Notwendigkeit ein und gewöhnte mich recht schnell daran. Mir war es ja sehr wichtig, Gutes für meinen Körper zu tun und ihn zu unterstützen.

Die Ernährung nahm ab sofort auch ein wichtiges Kapitel in meinem Leben ein.

Schon Hippokrates empfahl: „Eure Nahrungsmittel sollen eure Heilmittel sein..."

Es war eine Ernährungsumstellung von Nöten.

Dies beinhaltete unter anderem, dass für mich gekochtes Gemüse sehr gut ist, aber Gemüse ungekocht als Rohkost - obwohl normalerweise gesund - bedeutet für meine Leber eine zu große Anstrengung.
Außerdem erfuhr ich, dass Brot, welches ja im Ofen gebacken wird, ebenfalls belastend für die Leber ist. Meine Therapeutin empfahl mir Knäckebrot, welches ja nicht gebacken, sondern nur getrocknet wird. Ich wollte ja, dass meine Leberwerte bald wieder ins Lot kamen...

Als Fleisch aß ich, wie eigentlich schon seit Jahren, vorwiegend Geflügelfleisch, also Pute und Hähnchen, weil es eiweißreich und mager ist. Rotes Fleisch (Rind, Schwein, Lamm) konnte ich eh nicht verstoffwechseln und es wird auch nicht bei Krebs empfohlen.
Hülsenfrüchte, Linsen und Nüsse enthalten auch sehr viel Eiweiß. Gerade Nüsse aß ich für mein Leben gern.

Fisch mochte ich sehr gerne und den gab es auch sehr häufig bei uns, entweder gedünstet oder vorsichtig gebraten, am besten in Kokosöl. In beidem sind auch Omega 3-Fettsäuren drin, die für den Körper sehr wichtig sind.

Meine Therapeutin riet mir auch, ganz auf raffinierten Zucker, Milchprodukte, Weißmehl und Kohlehydrate weitgehend zu verzichten. Diese Lebensmittel bevorzugt der Krebs, um sich auszubreiten. Alternativ sollte ich auf Dinkelmehl, Kokosblütenzucker und Erythrit als Zuckerersatz ausweichen.
Obst, Nüsse, Honig und Trockenfrüchte wie Datteln und Aprikosen enthalten den „natürlichen Zucker" in Kombination mit einer Fülle an Vitalstoffen, der nicht mit dem Zucker in verarbeiteten Lebensmitteln zu vergleichen ist.

Alkohol war tabu für mich. Mandel-und Hafermilch nahm ich ja eh schon seit Jahren als Milchersatz.

Gute kaltgepresste Öle, meinte sie, sind ebenfalls sehr wichtig für den Organismus. Hier sind besonders ein gutes Olivenöl und Leinöl, Sesamöl, Kokosöl und Hanföl hervorzuheben.

„Koche möglichst mit frischen Zutaten, am besten bio, nichts aus der Konserve oder mit Zusatzstoffen", riet mir meine Heilpraktikerin.

Curcuma ist auch ein Superfood: Es soll krebshemmend wirken und auch entzündungshemmend. Ergänzend zum Kochen sind auch Knoblauch, Ingwer und Zwiebeln zu empfehlen.

Meine Therapeutin erstellte mir einen Ernährungsplan und verwies darauf, dass es ungeheuer wichtig war, von meiner Familie Unterstützung zu bekommen und positiv zu denken.
„Patrizia, du musst gesund werden wollen", sagte sie zu mir. „Es ist ganz wichtig, dass du an dich glaubst und deinem Körper vertraust. Ich helfe dir und du kannst es schaffen, wenn du dich an deinen Plan hältst. Vergiss auch nicht, täglich 1.5 Liter von deinem Graviola-Tee zu trinken und kümmere dich vorerst nur um dich."

„Ich will das sehr gerne glauben", sagte ich zu ihr.

„Aber warum sagt mir das kein Arzt?"
Ein Schulterzucken meiner Therapeutin war die Antwort, was mich sehr nachdenklich stimmte.

Nach diesem ersten Termin bei meiner Therapeutin ging es mir psychisch besser. Sie hatte so eine erfrischende, positive Art, die mir Mut machte.
Ich hatte einen Lösungsansatz angeboten bekommen, den ich gerne annehmen wollte.
Ende August hatte ich wieder etwas Hoffnung geschöpft.

Zuerst aber wollten wir im August einen Familienurlaub in einem Wellness-Hotel am Achensee mit den Kindern machen.
Die Sozialpädagogin der Tagesklinik, Frau Hüller, gab mir ‚grünes Licht' hierfür. „Da wird ihnen noch nichts fehlen, später, also Anfang nächsten Jahres sieht es anders aus", sagte sie zu mir.
Ich ärgerte mich sehr darüber, denn ich hatte gerade begonnen, wieder Hoffnung zu schöpfen, diese hatte Frau Hüller mit ihrer Aussage gleich wieder zerstört.

Nebenbei empfahl sie mir, beim Zentrum für Bayern, Familie und Soziales (ZBFS) einen Schwerbehindertenausweis ausstellen zu lassen, um eher in Rente gehen zu können.
Obwohl ich große Zweifel hatte, dass ich eine vorzeitige Rente überhaupt erleben würde, stellte ich diesen Antrag.
Man hatte auch kleine Annehmlichkeiten mit dem Schwerbehindertenausweis wie z.B. Vergünstigungen in Kinos, Theater, Parks etc.

Familie

Meine Familie war schon immer das Wichtigste in meinem Leben. Ich machte mir stets Gedanken, ob es allen gut ging, sie glücklich waren und genug Geld hatten. Lina bezeichnete mich gern als „Glucke." Ich denke, dass sie sehr froh war, als sie aus- und mit Ludwig zusammenzog und für ihr Leben selber verantwortlich war.

Man meint es ja immer gut, wenn man den Kindern das ein oder andere abnimmt, aber dadurch machen sie keine Erfahrungen und es hilft ihnen nicht für ihre Eigenverantwortlichkeit.

Lina und Ludwig hatten eine hübsche Altbauwohnung im Zentrum von München im 3. Stock gefunden, ohne Lift. Sie war noch erschwinglich und sie bekamen sie auch durch unsere Hilfe und Bekannte.

Bei einer regulären Besichtigung kamen teils 30 – 50 Interessenten zusammen und nur die, die den besten Eindruck hinterließen, hatten überhaupt eine Chance, in die engere Auswahl zu kommen. Da Lina noch in den letzten Zügen ihres BWL Studiums war und erst ab Mitte September eine Anstellung in einer Steuerkanzlei hatte, verdiente sie ja vorher nichts und wir hatten deswegen schon Bedenken.

Die Wohnung wurde von einem Makler betreut, den ich namentlich kannte. Mir fiel ein, dass gute Bekannte von uns, Ulla und Paul, ihre damalige Wohnung durch diesen Makler verkaufen ließen und so hatte ich gleich einen Aufhänger bei der Wohnungsbesichtigung, als ich dem Makler schöne Grüße von Ulla und Paul ausrichtete. Trotz einer Vielzahl von Bewerbern erhielten Lina und Ludwig die Wohnung, sie hatten sich auch mit einer schönen Bewerbungsmappe vorgestellt.

Mitte Juni schleppten Jürgen und ich sowie unser Sohn Max die Möbel schnaufend in den 3. Stock, nichtsahnend, dass der Krebs schon in mir wütete.

Die Kinder kamen uns immer regelmäßig besuchen. Wir nannten diese Tage „Family-Days". Wir gingen dann meistens Samstagabend zusammen schön essen und saßen später dann bei einem guten Glas Rotwein beieinander. Am nächsten Vormittag gab es dann ein „Kaiserfrühstück", wie es die Kinder nannten und gegen Mittag zogen sie wieder von dannen. Wir genossen diese Wochenenden sehr, brachten sie doch Abwechslung in unseren sonst ruhigen Alltag.

Ich erinnere mich an unser erstes Treffen nach meiner Entlassung aus dem Krankenhaus. Die Kinder kamen, sie begrüßten mich und dann redeten sie nur belanglose Sachen.
Sie waren total verunsichert und keiner traute sich, mich auf meine Krankheit anzusprechen.
Es war ein heißer Tag im Juli und ich nahm sie von der Terrasse mit hinein ins Wohnzimmer um mit ihnen zu sprechen, denn die Nachbarn sollten es nicht hören.
„Ich möchte mit euch ehrlich über meine Krankheit sprechen", sagte ich zu ihnen. „Ich hasse Geheimniskrämerei und was ich weiß, sage ich euch. Ihr sollt alles wissen, was bis jetzt alles gelaufen ist und wie mein aktueller Stand ist."

Und so erzählte ich ihnen ganz ausführlich, wie es mir ging, wie die Behandlung aussah und wie meine Gedanken waren.
Es war ein schonungsloses Gespräch, das aufgrund meines Befundes recht niedergeschlagen verlief.
Klar, die Prognose war schlecht und zu dieser Zeit hatte ich auch nicht viel Hoffnung. Die Kinder und auch ich hatten viel gegoogelt und da gibt es wenig Patienten, die diese Krankheit überleben.

Sie waren jetzt also auch im Bilde und ich erklärte ihnen die Behandlung so präzise wie möglich.
Von der Chemo, also Schulmedizin, und von meiner Heilpraktikerin, wie sie mich behandeln wollte. Es waren zwei gegensätzliche Gebiete, denn die Schulmedizin arbeitet leider nicht oder nur sehr

selten mit der Komplementärmedizin zusammen. Das ist sehr schade, denn davon könnten sehr viele Patienten profitieren.

Abends saßen Jürgen und ich mit den Kindern zusammen und tranken Wein; das heißt sie tranken Wein und ich Wasser und meinen Graviola-Tee.
Das war auch so eine Diskrepanz zwischen Schulmedizin und Naturheilkunde. „Trinken Sie ruhig auch mal ein Glas Wein", wurde mir von den Ärzten gesagt. „Sie sollen das Leben doch (noch) genießen." Sie meinten damit allerdings, dass meine Tage eh gezählt wären und man sich nichts mehr versagen sollte.

Ganz im Gegensatz zu meiner Heilpraktikerin.
„Ja spinnst du denn, wir wollen doch gegen deine Krankheit angehen. Du hast einige Metastasen an der Leber und diese ist mit der Krankheit und der Chemo schon schwer belastet. Alkohol ist pures Gift für dich! Wir wollen dich doch gesund machen", sagte sie vehement zu mir.
Lina gab mir an diesem Abend zu fortgeschrittener Stunde einen Brief, den sie mir geschrieben hatte. Es zerriss mir fast das Herz als ich las, wie sie mit Gott haderte, dass ich diese schlimme Krankheit bekommen hatte. Ich wäre der liebste und selbstloseste Mensch auf der Welt und sie war zutiefst traurig und wurde von Weinkrämpfen geschüttelt.
Ich war zu diesem Zeitpunkt nur froh, dass meine Krankheit erst ausbrach, als Lina schon mit ihrem Studium fertig war.
Ich hätte nicht gewusst, was gewesen wäre, wenn die Diagnose ein halbes Jahr eher gestellt worden wäre.

Im Wellnesshotel

Wir erlebten entspannte Tage am Achensee, es waren 3 Übernachtungen im Wellnesshotel geplant. Es fand anlässlich Jürgens 60. Geburtstag statt. Wir waren dagegen, eine große Feier zu organisieren, zumal man da ja nur Arbeit hatte.
Leider konnte Ludwig (er ist Polizist) nur 2 Nächte dableiben, weil just an diesem Wochenende sein Chef heiratete. Wenn er nicht dabei gewesen wäre, hätte es keinen guten Eindruck gemacht.

Wir kamen Donnerstagnachmittag an und jedes Paar hatte ein exklusives Doppelzimmer mit einer 4/5 Verwöhn Pension.
Also ein reichhaltiges Frühstücksbuffet, Mittagessen, Kaffee und Kuchen, sowie ein 4-gängiges Abendessen. Wir hatten einen großen, runden Tisch zusammen und genossen es sehr, sogar ich aß ausnahmsweise ein Stück Kuchen, achtete aber darauf, dass er Obst, also frische Beeren beinhaltete. Somit war er wenigstens ein bisschen gesund. Eine Badetasche mit Pantoffeln, Bademantel, Handtüchern und einer Wellnessbehandlung (Massage) waren für jeden inklusive.

Am nächsten Tag liehen sich Jürgen und die Kinder E-Bikes aus und fuhren zu einer nahen Alm.
Ich hatte zu diesem Zeitpunkt bereits 3 Chemos hinter mir und befand mich gerade in der freien Woche.
Ich fühlte mich schwach durch die Chemo und blieb in dieser Zeit im Wellnessbereich. Ehe ich mich versah, waren sie schon wieder zurück und machten das Schwimmbad unsicher.
EunHee hatte uns aus ihrer Heimat Südkorea Schlafanzüge geschenkt, die alle einen netten Tieraufdruck hatten. Wir zogen sie abends an, machten zahlreiche Fotos und hatten unseren Spaß.

Anfangs hatte ich die Perücke noch nicht auf, aber jetzt bemerkte ich, dass mir die Haare, besonders nach dem Duschen, büschelweise ausfielen.

Mit Jürgen beratschlagte ich, dass es mir mit der Perücke mehr Selbstsicherheit geben würde.

Sie stand mir auch wirklich gut; ich musste mich nur an sie gewöhnen.

Komplementärmedizin

Seit Juli 2019 ging ich wöchentlich zur Behandlung zu meiner Heilpraktikerin, meistens 2x.

Auf der einen Seite stand die Behandlung in der Uniklinik, also die Chemotherapie. Diese war bei dieser Art von Tumor sicher auch nötig. Die Unterstützung durch die Ärzte war sehr gut, man bekam alles an Medikamenten was man brauchte, um die Nebenwirkungen und die Schmerzen so gering wie möglich zu halten. Bei jeder Chemo machten die Ärzte ihre Runde durch die Patienten und jeder konnte seine Fragen, Probleme und Nebenwirkungen anbringen. Es gab wie gesagt keine Intimsphäre, wenn mein Nachbar etwas den Arzt fragte, bekam ich es genauso mit.
Ebenso bekam man das „Fortimel", also Astronautennahrung, gegen Appetitlosigkeit und auch Salben gegen offene Hautstellen.
Ich hatte Glück und die Nebenwirkungen der Chemo hielten sich bei mir gut in Grenzen dank der Chelat-Therapie. Die Übelkeit war für mich das Hauptproblem, denn diese nahm mit zunehmender Häufigkeit der Chemo zu. Hatte ich anfangs erst am Tag nach der Chemo mit der Übelkeit zu kämpfen, war mir später schon schlecht, wenn ich mit dem Taxi in der Tagesklinik ankam.

Man darf nicht verleugnen, dass die Chemo nicht nur die Krebszellen, sondern Zellen jeglicher Art zugrunde richtet. Dadurch entsteht auch die Blutarmut und die Verminderung der weißen Blutkörperchen, welche für die Abwehr zuständig sind.
Deshalb haben Chemo-Patienten eine verminderte Abwehr und können sich alles Mögliche an Infektionen einfangen. Ich denke, daher resultiert auch die Kostenübernahme durch die Krankenkassen für die Fahrten zur Chemotherapie.
Seit ich regelmäßig zu meiner Therapeutin ging, fühlte ich mich langsam besser. Zum einen hatte ich eine weitere „Verbündete", die mir die komplexen Zusammenhänge im Körper erklärte, wie

der Krebs entsteht und was man aus naturheilkundlicher Sicht dagegen tun kann.

Sie erklärte mir, dass zur Entstehung von Krebs mehrere Faktoren zusammenkommen müssen.
Es ist ein Prozess, der nicht von heute auf morgen entsteht, sondern meist über mehrere Jahre, denn die Veranlagung zu Krebs hat jeder in seinem Körper. Um die Komplexität des Körpers besser zu verstehen, hat sie mir das vereinfacht so erklärt:

Zuerst teilt sich eine Zelle falsch, daraus entstehen dann nicht 2 sondern 3 Zellen, die dann unkontrolliert wachsen können. Außerdem ist das eigene Immunsystem nicht richtig intakt, sonst würde dieses die Zellen, die sich zum Krebs entwickeln, bekämpfen.
Außerdem liebt der Krebs ein saures Milieu um zu wachsen, also Zucker (besonders industriellen), Alkohol, zu viel Fleisch, insbesondere rotes, und Weizenmehl.

Um den Krebs zu bekämpfen, sollte man ein basisches Milieu schaffen, welches der Krebs gar nicht mag und wo er verhungert.
Dieses erreicht man, indem man viel Gemüse, Salat und Obst (in Maßen) isst.
Im Buch von Rüdiger Dahlke „Krebs Wachstum auf Abwegen" empfiehlt er die sekundären Pflanzenstoffe, diese sind enthalten in z.B. Broccoli, Kohl- und Lauchgewächsen und anderen Gemüsesorten, insbesondere auch Karotten, Ingwer und Knoblauch, um nur einige zu nennen.
Walnüsse, Leinsamen, Sojabohnen, Makrele und Lachs sind wichtige Lieferanten der Omega-3-Fettsäuren, welche ebenso in diesem Buch erwähnt werden.

Es gibt auch eine Reihe von Beeren z.B. Himbeeren, Blaubeeren und Erdbeeren, zu deren Verzehr geraten wird, da sie eine krebshemmende Wirkung haben. Ebenfalls zu empfehlen ist der Verzehr von Trauben und Zitrusfrüchten.

Nachzulesen im Buch: „Krebszellen mögen keine Himbeeren" von Prof. Dr. Richard Beliveau.

Ich begann, meine Ernährung weitgehend nach diesen Büchern auszurichten.

Ein weiterer Punkt bei der Cellsymbiosis-Therapie betraf den Darm. Dieser ist oftmals geschädigt durch falsche Ernährung und Antibiotika. Der Darm ist allerdings auch der Sitz der Immunabwehr. In einem guten Milieu können unsere eigenen Körperzellen besser leben und dadurch kann auch unser Immunsystem Krebszellen ausfindig machen und diese eliminieren. Wichtig ist auch, so meine Therapeutin, eine Behandlung des Darms durch Sanierung, damit das Immunsystem wieder aufgebaut wird. Hierfür erhielt ich von ihr ein Mittel zur Unterstützung und Regeneration des Darms.

Meine Therapeutin sagte auch zu mir: "Der Mensch stirbt nicht an dem Krebs, sondern an der Diagnose und der daraus resultierenden Therapie." Ich fand das sehr spannend und begann, die Zusammenhänge zu begreifen. Der Körper ist wahrlich ein Wunderwerk, ich lernte, wie man ihn in der Phase der Chemotherapie unterstützen kann, z.B. durch die Gabe von Nahrungsergänzungsmitteln.

Meine Therapeutin schrieb mir eine Vielzahl von diesen auf, die ich auch alle brav einnahm, z.B. Eiweiß für die Zellen, um nur eins zu nennen.

2 Tage nach der Chemo, wenn die Wirkung des Giftes nachließ, ging ich zur Chelat-Therapie, wo mittels einer Infusion die Gifte wieder ausgeleitet wurden. Und danach erfolgten die Infusionen der Mineralien.

Ich hatte auch ein erhöhtes Schlafbedürfnis. „Schlaf ist die beste Medizin", das würde ich blind unterschreiben, denn am Tag der Chemo war ich gegen 19 Uhr total müde.
Ich ging früh schlafen und nach 10 Stunden Schlaf sah die Welt schon wieder besser aus.

Was ich an meiner Heilpraktikerin schätzte war ihr Fachwissen, ihre Kompetenz und ihre Authentizität.
Sie hat mir nie irgendwelche Wunder versprochen, aber mir alles genau erklärt und gesagt, was sie machen würde und vor allem hat sie mich gecoacht.
Wir führten sehr lange Gespräche, in denen sie mir die ganzen Zusammenhänge - wie Krebs entsteht - erklärte, was sie nicht nur einmal tat.

Meine neue Ernährung

Ich kochte sehr gerne und machte mir regelmäßig frisches Gemüse, ich liebte den Broccoli, den machte ich mir mindestens 2-3 mal pro Woche. Den bereitete ich mir vorzugsweise in meinem Thermomix zu, da das ruckzuck ging und er dann auch noch bissfest war. Darüber gab ich außer Salz noch einen Schuss gutes Olivenöl und das aß ich dann wirklich mit Genuss.

Oft gab es dazu ein Stück Hühnerbrust oder Pute, welches ich regelmäßig frisch auf dem Wochenmarkt bei uns einkaufte oder Fisch, meistens kaufte ich diesen tiefgefroren. Ich versuchte allerdings auch, nicht zu viel Fleisch oder Fisch zu essen, denn dies kann ansonsten auch ein saures Milieu im Körper verursachen. An Gemüse kann man gar nicht zu viel essen.

War ich früher ein Suppenkasper gewesen, so begann ich jetzt, Gemüsesuppen zu lieben. Es ist ein leichtes Essen, das konnte ich auch gut nach der Chemo essen, und ich kochte vorzugsweise Kürbis-, Zucchini- und Karottensuppen. Das geht fix und Jürgen mag ja von Haus aus gerne Suppen.

Ich liebte auch Ofengemüse, da man da nur die Arbeit mit dem Gemüse schälen hatte, aber ansonsten alle Zutaten auf ein Backblech legt, salzt, mit Kräutern und Olivenöl großzügig vermischt und für ca. 30 Minuten in den Backofen schiebt.

(Ich nahm meist Paprika, Zucchini, Kohlrabi, Zwiebeln, Knoblauch, Karotten, meinen geliebten Broccoli, ein paar wenige Kartoffeln für Jürgen). Frische Kräuter wie Majoran, Oregano, Petersilie oder Dill durften auch nicht fehlen.

Ich denke, das ist auch ein wichtiger Punkt, dass man qualitativ hochwertige Lebensmittel kauft und diese liebevoll zubereitet.

In unserer heutigen, hektischen Zeit muss ja leider immer alles schnell gehen und die Wenigsten nehmen sich die Zeit, frisch zu kochen. Viel zu oft gibt es da Fertiggerichte oder Pizzen.

Wenn mal wirklich keine Zeit für aufwendiges Kochen war, griff ich auf Tiefkühlkost zurück, da ist das Sortiment, was Gemüse betrifft, sehr gut. Beim Fisch muss man schon aufpassen, was man kauft, er ist vielerorts überzüchtet oder mit Schadstoffen belastet.

Dazu trank ich anfangs von dem Graviola-Tee 1.5 Liter, später reduzierte ich auf 1 Liter.
Es heißt zwar, dass unser Wasser in Deutschland gut und unbedenklich ist, ich hatte aber in einem Buch von Dr. Kelly A. Turner (wird später noch erwähnt) gelesen, dass für Krebs-Patienten empfohlen wird, das Leitungswasser zu filtern. Das tat ich dann also mit dem Brita Wasserfilter oder kaufte es mir gleich in Glasflaschen. Diese allgegenwärtigen PET-Kunststoffflaschen waren mir seit längerer Zeit schon ein Dorn im Auge. Im Sommer lagen sie des Öfteren gefüllt im Auto in der Sonne, das kann nicht gut sein mit den Weichmachern darin.

Ich merkte, wie mir dieser Graviola-Tee guttat. Es war mir ein lieb gewonnenes Ritual geworden, mir in der Früh eine große Thermoskanne Graviola-Tee frisch zu kochen. Dieser schmeckt warm recht gut, hat allerdings einen starken Satz. Da die Teefilter immer verstopften, ließ ich den Satz einfach ungetrunken in der Tasse zurück.

Überhaupt hatte ich jetzt eine andere Einstellung zum Essen.
Da es mir wichtig war, meinem Körper Gutes zu tun, mich gut zu ernähren und auch mein Immunsystem zu stabilisieren, hörte ich immer in mich hinein, auf was ich Lust hatte. Ich versuchte möglichst abwechslungsreich zu essen, also sehr viel buntes Gemüse, das ich allerdings nicht tot kochte, sondern so, dass es noch Biss hatte.
Darüber gab ich meist ein gutes Olivenöl und auch Kerne, z.B. Kürbiskerne und Sonnenblumenkerne. Manchmal auch noch ein Stück Feta Käse (Ziege oder Schaf) darüber, fertig. Man braucht nicht jeden Tag Fleisch oder Fisch.

Psychotherapie

Diese nahm auch einen großen Part bei der Cellsymbiosis-Therapie ein.

Meine Therapeutin erzählte mir, in der traditionellen chinesischen Medizin gehört der Pankreas zum Sonnengeflecht des Körpers, dies besteht aus einem Geflecht aus Fasern und Knoten des vegetativen Nervensystems. Hier ist das Zentrum der Lebensenergie. Unter anderem ist hier der Sitz unserer Persönlichkeit, des Bauchgefühls, unseres Willens, Angst vor Kritik und Versagen, gespeicherten Erfahrungen und Ängsten, unserer Gedanken, unterbewusster Intuition.

Jahrelang hatte ich meine Emotionen unterdrückt, wollte immer nur für andere da sein, für mich hatte ich keine Zeit. Ich hatte nur funktioniert und nie über meine Wünsche und mich selber nachgedacht. War das der Auslöser für meinen Bauchspeicheldrüsenkrebs?

Ich konnte das zuerst gar nicht glauben: „Wie kann sich so Krebs entwickeln?"

Es gibt so viele Energien in unserem Kosmos. Denke ich an etwas oder jemanden, kümmere ich mich um Mitmenschen, werden in meinem Körper Energien frei. Es gibt positive oder negative Energien. Wenn ich mich freue und zufrieden bin, sind das positive Energien. Bin ich nur für andere da, bin gestresst, achte nicht auf mich, habe für mich keine Zeit und keine Selbstliebe, sind das negative Energien. Diese negativen Energien stauen sich dann im Körper auf, da sie sich nicht entladen können und können im Laufe der Zeit den Körper blockieren und Krankheiten auslösen.

Ich ging mit mir schonungslos ins Gericht. Nachdem ich nun wusste, wie Krebs entstand, lag es an mir, einiges zu ändern.

Meine Heilpraktikerin unterstützte mich sehr, indem sie mein Ego, was die Jahre auf der Strecke geblieben war, wieder hervorkratzte.

Oftmals lag ich eine Stunde oder länger bei ihr auf der Liege und sie stellte mir Fragen zu meiner Kindheit und meinem bisherigen Leben.

Da kamen auch viele Erinnerungen, besonders aus meiner Kindheit, Kränkungen und Zurückweisungen zu Tage, die ich bis dato verdrängt hatte.

Des Öfteren brach ich auf ihrer Liege in Tränen aus, nachdem mir mal wieder bewusst wurde, was in meinem bisherigen Leben alles schief lief.

Ich begann zu begreifen, dass ich immer nur auf die Bedürfnisse der anderen geachtet hatte, aber auf meine eigenen überhaupt nicht. Wenn ich abends mal mit allem fertig war und ein Buch zur Hand nehmen konnte, war ich spätestens bei der 3. Seite eingeschlafen. Mal in Ruhe 2 Stunden auf der Couch sitzen und nur fernsehen und nichts machen, das ist mir völlig fremd gewesen.

Vergangenheits-Bewältigung

Ich bin 4 ½ Jahre älter als mein Bruder Thomas und ich war 6 Jahre alt, als unsere Mutter starb. Sie hatte einen plötzlichen Gehirnschlag mit einem Alter von gerade mal 30 Jahren erlitten und war auf der Stelle tot.

Mein Vater war damals schon von ihr geschieden und heirate bald darauf wieder.

Diese Frau lehnte mich von Anfang an ab. Ihre Liebe und Fürsorge bekam Thomas, der damals 2 Jahre alt war. In ihm sah sie ihr eigenes Kind, während ich links liegen gelassen und stiefmütterlich behandelt wurde.

Ich kann mich daran erinnern, dass ich damals Fingernägel kaute. Meine Stiefmutter riss mir eines Tages (ich war um die 10 Jahre alt) wütend einen Büschel Haare vom Kopf, stopfte sie mir in den Mund und sagte: "Dann friss doch diese, Haare sind auch aus Horn wie die Nägel."

Ich weinte mich oft in den Schlaf, da ich so unglücklich war und zu Weihnachten schrieb ich auf meinen Wunschzettel: „Ich wünsche mir eine neue Mutter." Daraufhin erntete ich natürlich eine Tracht Prügel.

Als auch sie sich wieder scheiden ließen, kamen mein Bruder und ich jeweils in ein Internat im Allgäu, damit wir davon nichts mitbekamen.

2 Jahren später durften wir wieder nach Hause und ich war mit 13 Jahren die Hausfrau. Lernte früh Verantwortung zu übernehmen, die Hausaufgaben meines Bruders zu überwachen und mit der Putzfrau zu kommunizieren. Dadurch wurde ich früh erwachsen und hätte mir lieber mehr unbeschwerte Kindheit gewünscht.

Als ich 16 Jahre alt war, heiratete mein Vater erneut eine Frau, die ich nicht mochte. Sie war eine Spielerin, die das Geld meines Vaters in diverse Spielbanken trug.

Mit 17 Jahren, als ich in der Abschlussklasse der Realschule war, lernte ich Jürgen, meinen späteren Mann, kennen.

Wir verliebten uns, er lernte KFZ-Mechaniker („Auto-Arzt") und als ich 20 Jahre alt war, heirateten wir. Ich denke, ich wollte auch schnell aus meinem Elternhaus ausziehen.
Mit 24 Jahren bekam ich unser Wunschkind „Max." Bis dato hatte ich als Arzthelferin gearbeitet. Der Kontakt mit Menschen machte mir schon immer viel Spaß.
10 gewollte Jahre später erblickte ein weiteres Wunschkind „Lina" das Licht der Welt. Jürgen und ich waren glücklich und lebten nun in unserer eigenen Doppelhaushälfte.

Den Fehler, den wir dann machten war, die Eltern von Jürgen zu uns an den Ort zu holen. Sie wohnten dann schräg gegenüber von uns. Ich erhoffte mir Hilfe bei den Kindern, wobei unser Max schon 13 Jahre alt war. Lina war aber erst 3 und im Kindergarten und ich arbeitete wieder halbtags.

Mit meinen Schwiegereltern hatte ich immer zu tun. Mutti hatte bereits Unterleibskrebs gehabt, war psychisch sehr labil und alles war ihr zu viel. Vater war ein Brocken von Mann, recht dominant und dem Alkohol recht zugetan.
Die Geschwister von Jürgen - Peter und Susi - wohnten in der Stadt und kamen nur 2-3 Mal im Jahr auf einen Kaffee oder zum Essen zu den Eltern. Sie machten sich sehr rar und so kam es wie es kommen musste, immer ich half aus.

Wenn etwas war, er im Suff gestürzt war und in seinem Erbrochenen lag, ich putzte alles weg und half ihm. Jürgen stand meistens würgend daneben.
Im Jahr 2008 starb meine Schwiegermutter an einem Bronchial-Karzinom und Vater war alleine, um den wir uns kümmern mussten.

Ich erinnere mich an diverse Stürze wegen Trunkenheit und an zig Einweisungen ins Krankenhaus.

Gegen die Heizung gefallen - Schulter gebrochen, gegen den Schrank gefallen - Rückenwirbel gebrochen, so ging es in einer Tour. Jürgen und ich wollten einmal übers Wochenende wegfahren. Vormittags war wieder Chaos mit Vater und wir mussten ihn erst ins Krankenhaus bringen, um in letzter Minute zu unserem Urlaub aufbrechen zu können.

Im Jahr 2011 als er nicht mehr alleine leben konnte, besorgten wir ihm über eine Agentur eine rumänische Pflegerin, Rodica. Sie ist eine patente Frau, 10 Jahre jünger als ich und sie spricht ganz gut deutsch. Ihre 2 Töchter lebten noch in Rumänien bei ihrem Ex-Mann.

Rodica hatte Vater recht gut im Griff. Nach anfänglicher Sturheit ließ er sich von ihr führen und schätzte sie. Allerdings gab es auch das ein oder andere Mal, wo sie weinend zu uns kam und sich beklagte, dass sie es nicht mehr mit ihm aushält.

Seine gesundheitlichen Probleme verschlechterten sich, obwohl sie sehr gut kochte und um sein leibliches Wohl bemüht war. Aufgrund seiner Verletzung an der Schulter bekam er eine Prothese, die sich leider ständig infizierte und er über die Jahre ca. 28x ! operiert wurde.

Das war natürlich auch eine große Belastung für uns, insbesondere für mich.

Wir waren ständig in Kontakt mit Ärzten, Krankenhäusern, Rehas und auch der Pflegeversicherung. Ich war ständig unter Strom, Entspannung war für mich ein Fremdwort und ich hüpfte buchstäblich im Dreieck. Im Nachhinein gesehen war das die Zeit, wo möglicherweise der Krebs schon angefangen hatte, sich auszubreiten.

Jürgen hatte sich schon 2003 als KFZ-Sachverständiger selbständig gemacht. Ich gab ab dem Jahr 2012 meinen Halbtagsjob auf und unterstützte ihn im Büro zuhause. Davor fuhr ich immer zweigleisig.

„Ruf doch mal bei Susi oder Peter an, dass sie Vater im Krankenhaus besuchen und sich auch mal kümmern", sagte Jürgen.
Es blieb bei dem frommen Wunsch, seine Geschwister hatten nie Zeit, sie waren ja in der Arbeit. Wir wohnten ja gegenüber und waren dadurch immer präsent. Im Jahr 2016 starb mein Schwiegervater, innerhalb von nur 2 Monaten an Bauchspeicheldrüsenkrebs...
Ironie des Schicksals, dass auch ich diesen Krebs bekam..

Es hat mich lang beschäftigt, warum er diese Art von Krebs bekam. Ich denke, im Grunde seines Herzens war er einsam, auch wenn er dominant war. Da ich mich immer aufopferungsvoll um ihn gekümmert hatte, liebte er mich sehr. Mir fraß er buchstäblich aus der Hand. Und wenn er wem was anvertraute, dann nur mir.

Nach seinem Tod erbten Jürgen und seine Geschwister einen kleinen Batzen Geld und so konnten wir unser Haus abbezahlen.
Nach dieser Erbschaft wollte Jürgens Bruder Peter keinen Kontakt mehr mit uns, warum - das blieb uns ein Rätsel.
Jürgen und ich beschlossen, nachdem die Geschwister ausbezahlt waren, in das Haus meines verstorbenen Schwiegervaters zu ziehen. Es hatte ein wesentlich kleineres Grundstück und in einem separaten Anbau ein Büro, perfekt für Jürgen.

Die Pflegerin Rodica blieb nach Vaters Tod hier bei uns im Ort wohnen und holte 2016 ihre damals 16jährige Tochter Ruxandra aus Rumänien her. Rodica hatte auch mit unserer Hilfe eine 2-Zimmer-Wohnung ums Eck gefunden, für die wir ein Jahr lang bürgten. Sie arbeitete dann hier im Ort als Altenpflege-Helferin.

Wieder war ich es, die sich kümmerte. Ich lernte mit Ruxandra deutsch und englisch, damit sie später die Realschule schaffte. Des Öfteren gab es auch Streit, da Jürgen meinte, ich kümmere mich nicht genug ums Büro, was allerdings nicht stimmte. Ich habe seit jeher versucht, es immer allen recht zu machen.

Dass das ein Fehler war und ich eigentlich immer in einem inneren Zwiespalt lebte, habe ich erst später begriffen.
Ich denke, dass das unter anderem auch ein Grund war, dass ich Krebs bekam. Nie hatte ich mich durchgesetzt und auf meine eigenen Bedürfnisse geachtet.

Die ganzen Jahre machten wir höchstens Wochenendurlaube, mal eine Städtereise oder auf Wellness, aber nie 2-3 Wochen zum Erholen, ich kenne so etwas gar nicht.

Zukunftsvisionen

Langsam schöpfte ich wieder Mut. Meine Therapeutin war mir dabei eine große Hilfe. Sie redete auf mich ein, dass jeder seines eigenen Glückes Schmied sei und es so wichtig ist, positiv zu denken.

Ich wollte auch gar nicht mehr im Internet über den Krebs recherchieren – das verbot ich mir jetzt. Sogar meine Ärzte sagten, jeder Krebs sei individuell und keiner wie der andere. Ich erkannte, dass ich beide Behandlungsformen, die Schulmedizin und die Naturheilkunde verbinden musste, um überhaupt eine Chance gegen den Krebs zu haben.

Zu allererst verbannte ich das ganze Infomaterial über den Krebs – ich kannte es eh schon auswendig – aus meinen Gesichtskreis. Ich wollte nicht, dass der Krebs die Oberhand über mein Leben bekam.

In der Tagesklinik wurden regelmäßig die Blutwerte kontrolliert. Es freute mich sehr, dass die Entzündungswerte zurückgingen und sich die Leberwerte immer mehr in Richtung Normbereich bewegten. Auch die Tumormarker kamen langsam wieder ins Lot.
Natürlich hielt ich mich eisern an die Vorgaben von meiner Therapeutin, nahm alle Nahrungsergänzungsmittel und hielt mich streng an meinen Ernährungsplan. Alkohol – jeder kleinste Schluck – war absolut tabu für mich. Ich hatte sowieso keine Gelüste darauf. Früher hatte ich für mein Leben gerne Weißwein-Schorle oder Rotwein getrunken, jetzt schon ewig nichts mehr.

Im Gegenteil, bei unseren „Family-Days" wo alle Familienmitglieder Alkohol tranken, blieb ich bei meinen Tees. Es machte mir überhaupt nichts aus. Im Gegenteil: Alkohol benebelt nur das Hirn und das ging bei mir immer besonders schnell. Außerdem war ja immer die Frage beim Essen gehen: „Wer trinkt nichts und fährt?"

Diese Frage hatte mich immer genervt. Nun fuhr immer ich und es machte mir gar nichts aus.

Nachdem ich alles Infomaterial weggelegt hatte, wollte ich wieder am Leben teilhaben. Der Krebs war ja sowieso präsent, meine Gedanken sollten aber nicht ausschließlich darum kreisen. Ich wollte einfach wieder LEBEN !!
Vielmehr machte ich mir Gedanken über meine Zukunft mit Jürgen. Wie würde unser Leben weitergehen?
Ich musste trotz meines Kampfes gegen den Krebs damit rechnen, eine kürzere Lebenserwartung zu haben. Würde die Therapie überhaupt anschlagen?

Man sieht plötzlich das Leben mit anderen Augen. Man lebt viel mehr im hier und jetzt, genießt die Tasse Kaffee in der Sonne, denn man weiß ja nicht, was morgen ist.
Ich hatte auch damals lange Zeit mein Notfallköfferchen fertig gepackt stehen, gerüstet für irgendwelche Komplikationen.

„War das mein ganzes Leben?" fragte ich mich. Ich hatte noch so viele Wünsche: Ich wollte mit Jürgen reisen, was von der Welt sehen, viel zu lange hatten wir ja darauf verzichtet, denn mit dem Büro hier waren uns ja nur Kurzurlaube vergönnt.
„Ich möchte, dass wir mit dem Arbeiten aufhören und in Rente gehen", sagte ich zu Jürgen. Ich empfand das Büro zunehmend als Klotz am Bein, auch wenn die Umsätze gut waren.

Ich wollte nicht mehr abhängig und geknebelt sein, sondern frei und unabhängig, das Leben genießen. Ich wusste nicht, wieviel Zeit mir noch bleibt.
Jürgen dachte so wie ich, wir zogen an einem Strang.
Doch wie sollten wir das anstellen?

Jürgen war gerade 60 Jahre alt geworden. Um die Rente zu bekommen, musste er noch 4 Jahre arbeiten. Auch für die Rente mit

Abschlagszahlung hätte es noch 3 Jahre gedauert, zu lange für mich.

Da Jürgen ca. 17 Jahre selbständig war und nur wenig in die Rentenkasse einbezahlt hatte, bekam er nach dem jährlichen Rentenbescheid nur eine sehr geringe Rente. Meine Rente hätte noch bis mindestens 2024 gebraucht. Ich hatte zwar einen Antrag auf Erwerbsminderungsrente gestellt, aber ich hatte keine Ahnung, ob er genehmigt werden würde.

Nach allem Abwägen dauerte das alles zu lange und es war dann auch zu wenig Geld. Man konnte sich zwar ernähren, aber keine großen Sprünge in Form von den gewünschten Reisen machen. „Unser Geld steckt in unserem Haus", meinte Jürgen, also Betongold. „Da können wir uns nichts davon kaufen."
Es gab zwar die Möglichkeit einer Immobilienverrentung, dann hätten wir in unserem Haus wohnen bleiben können und einen Teil Geld bekommen, unsere Kinder hätten aber nichts mehr geerbt.
Und so entstand der Gedanke, unser Haus zu verkaufen und anderswo eine neue Heimat zu finden.

Unsere Kinder waren davon alles andere als begeistert.
„Wo wollt ihr denn hinziehen?" maulte Lina und ihr Bruder Max tat es ihr gleich. „Ihr habt doch hier eure Freunde und Bekannte, da zieht man doch nicht weg!"

Ja schon, aber man könnte sich ja weiterhin treffen, wenn halt auch seltener. Meine beste Freundin Iris, die ich bereits seit 30 Jahren kannte, hatte vor einem Jahr geheiratet und war an den Ammersee gezogen.

„Wir bauen uns einfach woanders einen neuen Bekanntenkreis auf, wir ziehen ja nicht ans Ende der Welt", sagte ich zu meinen Kindern.

Dass wir mit dem Arbeiten aufhören und nur noch das Leben genießen wollten, fanden unsere Kinder gut.
Aber wie hätten wir das sonst finanzieren wollen? Es blieb definitiv keine andere Möglichkeit.
Ich hatte mich bis dato in unserem Haus immer wohl gefühlt.
Es war ja nicht so groß; also nur ein Kinderzimmer, das wir momentan als Ankleidezimmer nutzten, ein Hobbyraum, der nur als Schlafstätte für etwaige Gäste diente und als separaten Anbau das Büro.
Jürgen und ich beschlossen, dass wir in eine Dachterrassen-Wohnung mit 3 Zimmern ziehen wollten. Da wir mit dem Arbeiten aufhören wollten, brauchten wir auch kein Büro mehr.

Eines Abends im September setzten wir uns an den PC und suchten im Internet nach Immobilienangeboten.
Wir wussten, dass wir nach außerhalb gehen mussten, um eine bezahlbare Wohnung zu finden. Zudem sollte es ein Neubau sein, wir hatten keine Lust, Unsummen für Renovierungen auszugeben.

Und dann fanden wir sie!
Wir suchten im Radius von guten 50 km von unserem Ort und wurden östlich von München, in Waldkraiburg, fündig.
Es wurde eine neue Wohnanlage dort gebaut nach dem Mehrgenerationen-Prinzip. Hier sollten sowohl junge Familien als auch Senioren eine neue Heimat finden.
In der Mitte der Anlage sollte sich ein Seniorenheim befinden, mit dem sich jeder in den umliegenden Wohnungen mittels eines Notrufs verbinden lassen konnte. Gegen Aufpreis konnte man diesen Notruf frei schalten lassen und bekam Hilfe, was besonders im Alter wichtig ist.
Die Wohnung selbst befand sich als Dachterrassen-Wohnung im 4. Stock des Hauses. Sie hatte 115 qm, 3 Zimmer, also ein Kinderzimmer, ein Haupt-Bad mit Wanne und ein Dusch-Bad, jeweils mit einem WC. Das war uns ganz wichtig.

Die Ausstattung war sehr hochwertig: Fußbodenheizung, elektr. Rolläden, Fotovoltaik Anlage zur Stromgewinnung auf dem Dach. Und last but not least:
Ein Dachterrassen-Traum bestehend aus einer Süd- und einer Nord-Dachterrasse mit einer Gesamtfläche von 40 qm!
Genial! Das war unsere Wohnung!

Nach unseren Recherchen wurde die Verlängerung der Autobahn gebaut, die ab Oktober dorthin führen sollte. Da war man dann in 40 Minuten von unserem jetzigen Wohnort aus da.
Wir reservierten also in der Musterwohnung einen Besichtigungstermin und schlugen dann gleich zu, um uns die Wohnung zu reservieren.
In der Tiefgarage reservierten wir uns auch gleich 2 Stellplätze nebeneinander, da wir ja 2 Autos hatten.
Der Bezug der Wohnung dauerte noch, schließlich wurde die Anlage neu gebaut und unser Haus war erst im Frühjahr 2021 bezugsfertig. Das war noch lange hin, unsere Vorfreude war riesig!
„Ich hoffe, dass ich da noch lebe", dachte ich bei mir. Dadurch dass wir nach außerhalb gehen würden, waren hier die Immobilienpreise noch günstig. Durch den Verkauf unseres Hauses und den Kauf der neuen Wohnung würde uns ein finanzielles Polster bleiben, womit wir unser Frührenten-Dasein und unsere Reisen finanzieren könnten.
Max und EunHee versuchten alles, um uns in ihrer Nähe zu behalten. Sie schickten uns Angebote von Immoscout über Wohnungen in ihrer Nähe - im Westen von München. Diese waren aber alle zu alt und renovierungsbedürftig oder zu teuer, also nichts für uns.
Lina und Ludwig fanden es nicht schlimm, denn die Eltern von Ludwig wohnten auch in einem Dorf östlich von München und so waren sie ja eh östlich orientiert.
Langsam akzeptierten die Kinder, dass wir uns so entschieden hatten.

September 2019

Jürgen und ich besprachen, dass wir uns nach einer Aushilfe für das Büro umsehen mussten.
Man wusste ja nicht, wie es mit mir und meiner Krankheit weitergehen würde. Ich musste damit rechnen, wegen einer plötzlichen Verschlechterung kurzfristig in die Klinik gehen zu müssen.

Jürgen machte ja seine Arbeit, aber noch zusätzlich mit Gutachtenerstellung und Schriftverkehr wäre er überfordert gewesen. Zumal wir ja ein kleines Büro waren, da konnte man die Arbeit ja nicht wochenlang liegen lassen.
Auf unsere Anzeige hin in unserem Lokalanzeiger meldete sich nur eine Mittvierzigerin, die hauptberuflich bei einer Versicherung arbeitete.
Frau Lohse roch zwar stark nach Rauch, aber ansonsten machte sie einen guten Eindruck. Wir beschlossen, dass sie zunächst im August angelernt werden und im September offiziell mit der Arbeit beginnen sollte. Sie wusste von meiner Krankheit und sie arbeitete bevorzugt, wenn ich unter den Nebenwirkungen der Chemo litt.

Also machte ich jetzt seit Ende Juli die Chemo. Anfangs donnerstags, später als die Aushilfe, Frau Lohse, bei uns arbeitete, montags.
Kam ich Montagmittag nach der Chemo mit dem Taxi heim gefahren, verspürte ich bereits nachmittags eine Übelkeit. Dagegen konnte ich eine Tablette nehmen und dann ging es mir wieder besser. Abends war ich ab 19 Uhr allerdings so müde, dass ich mich schon zum Fernsehen hinlegte und recht schnell einschlief. Überhaupt schlief ich vermehrt in dieser Zeit, auch mittags legte ich mich hin.

Als Nebenwirkungen wurden von den Ärzten genannt: Übelkeit, Erbrechen, Durchfall, Verstopfung, allgemeine Schwäche, Kribbeln in den Fingern und Zehen und eine gereizte Mundschleimhaut.
Gott sei Dank hatte ich wenig an Nebenwirkungen. Dank der Ausleitungstherapie meiner Therapeutin hatte ich nur mit Übelkeit zu kämpfen. Ich hatte mich auch ein paar Mal übergeben müssen, und wenn meine Finger kalt wurden, verspürte ich ein Kribbeln, auch die Schwäche in den Beinen war vorhanden.
Meine Tage waren gut ausgefüllt. Montags hatte ich Chemo, mittwochs war ich ca. 3 Stunden bei meiner Heilpraktikerin, um die Reste des Giftes mittels der Chelat-Therapie wieder auszuleiten. Im Anschluss daran bekam ich immer verschiedene Aufbau-Infusionen. Und Freitag bekam ich nochmals Mineralstoffe als Infusion.

Ich fühlte mich wohl bei meiner Therapeutin. Ich war ja so allein mit meiner Krankheit, unsicher, ängstlich und rechnete mit dem Schlimmsten.
Sie erklärte mir alles genau, wie der Krebs entsteht, was der Krebs mag und nicht mag, erstellte mir Essenspläne, kontrollierte die Blutwerte, die ich aus der Tagesklinik mitbrachte und reagierte darauf mit den entsprechenden Infusionen. Und was für mich am Wichtigsten war: Sie redete auf mich ein, dass ich es schaffen würde.
Dies war sehr wichtig für mich und Balsam für meine Seele.
Ich trank täglich weiterhin meine 1.5 Liter Graviola-Tee und nahm die Nahrungsergänzungsmittel. Meine Schmerztabletten nahm ich aber noch unverändert.

Die Unterstützung von meiner Familie tat mir sehr gut. Ich versuchte, möglichst mein altes Leben zu leben, meinen Haushalt zu erledigen und im Büro zu arbeiten. Klar, musste ich öfter mal eine Pause einlegen und langsamer machen, aber insgesamt ging es mir gut dabei.

„Ja geht's noch?" sagte Jürgen zu mir, als er mich eines Tages beim Fensterputzen ertappte. „Mach dir keine Sorgen, mir geht's gut. Du musst dir eher Gedanken machen, wenn ich auf der Couch liege und mich nicht bewege", sagte ich zu ihm.

Erster Erfolg

Es wurde Oktober und es kam die Zeit eines Kontroll-Computertomogramms. Ich war aufgeregt, ich hatte ja keine Ahnung, was dabei herauskommen würde.
Ich fuhr mit dem Taxi in die Tagesklinik und musste vorab eine Flüssigkeit von ca. 1 Liter trinken. Sie schmeckte gar nicht so schlecht. Dann legte man mir in meine rechte Vene eine Kanüle, also den Zugang für das venöse Kontrastmittel.
Danach ging ich in die Röntgenabteilung in das Krankenhaus gegenüber.
Nach ca. 40 Minuten Warten war ich dran. Ich musste mich auf den Rücken legen und wurde in das Gerät geschoben, das allerdings vorne und hinten offen war. Ich hasse geschlossene Räume wie die Röhre beim MRT. CT ist also kein Problem.
Mir wurde das Kontrastmittel injiziert, wobei es mir partiell heiß wurde, was allerdings normal ist. Nach ein paar Mal ein- und ausatmen, Luft anhalten, war die Sache schon wieder vorbei.
Am nächsten Tag erst sollte die Besprechung des Ergebnisses sein. Ein Arzt der Tagesklinik rief mich auf und mit klopfendem Herzen ging ich in das Besprechungszimmer.
„Wie sieht es aus?" fragte ich den Arzt.
„Es sieht gut aus, ich denke die Therapie hat bei Ihnen angeschlagen, der Hauptkrebs und die Metastasen haben sich verkleinert", sagte er zu mir. Genaue Werte würde ich erst nach ca. einer Woche in einem Arztbrief bekommen.

Glückselig fuhr ich nach Hause in der Gewissheit, dass es mir jetzt besser gehen würde.
Ich bekam nur den vorläufigen Befund in Form von 2 Zeilen und machte sofort davon ein Foto und schickte es meiner Therapeutin. Sie war mindestens genauso aufgeregt gewesen wie ich und freute sich total mit mir.

Die Woche darauf hielt ich es schwarz auf weiß in den Händen. Die Metastasen hatten sich um 57 mm zurück gebildet, also -66% zum Eingangsbefund! Ein großartiges Ergebnis!

Den Haupttumor an der Bauchspeicheldrüse konnte man nicht messen, da dieser im Gewebe nicht mehr abgrenzbar war. Die Ärzte sagten mir, dass der Primarius ihnen keine Probleme bereiten würde. Wichtig sei, die Metastasen in Schach zu halten.

Die Blutwerte wie Entzündungswerte, Leberwerte und Tumormarker hatten sich auch drastisch zurückgebildet. Ich hatte eine Blutarmut und eine verminderte Anzahl der weißen Blutkörperchen, aber das ist unter der Chemo völlig normal.

Ich war sehr dankbar, dass ich so einen guten Befund bekommen hatte. Innig küsste ich meine Schutzengel und dankte Gott dafür, dass die Therapie bei mir anschlug.

Euphorie

D ie nächste Zeit lebte ich in einem regelrechten Rausch. Ich glaubte an die Behandlung von meiner Therapeutin und auch an die Chemo, das Ergebnis gab mir recht. „War der Erfolg jetzt aufgrund der Chemo oder der Behandlung von meiner Heilpraktikerin und meinem Graviola-Tee?"

Ich aß so gut wie keinen Zucker, wenn in der Tagesklinik Kekse gereicht wurden, sagte ich jedes Mal dankend ab. Für diese Fälle hatte ich immer Nüsse dabei, die bestehen aus Eiweiß und sind sehr gesund aufgrund der Omega-3-Fettsäuren. Außerdem schmecken sie mir sehr gut, besonders die Pekan- und Walnüsse. Letztendlich war es mir egal, woher der Erfolg rührte, Hauptsache der Krebs war rückläufig und es ging mir gut!

Ich war auch seit dieser Zeit sehr mit meinem Körper verbunden. Ich dankte ihm, dass er diese schreckliche Krankheit so gut meisterte und ging sehr gut und liebevoll mit ihm um.

Ich kochte nur mit hochwertigen Zutaten aus meiner Ernährungsliste, die ich allerdings mit der Liste der Zutaten abglich, welche bei der Antikrebsdiät empfohlen werden.
So wird in dem Buch „Krebs Wachstum auf Abwegen" von Rüdiger Dahlke der Verzehr von Orangen empfohlen, da diese Zitrusfrüchte auch ein basisches Milieu im Körper verursachen. In meiner Ernährungsliste standen allerdings Orangen nicht mit dabei.
Das heißt für mich, dass zwar Orangen bei Krebs empfohlen werden, mein Körper sie aber nicht gut verstoffwechseln kann. Ich aß dann eben nur selten Orangen, denn ich wollte es meinem Körper nicht schwerer machen, als es für ihn eh schon war. Es gab ja auch genügend anderes Obst, was gegen Krebs empfohlen wird und welches auch auf meiner Ernährungsliste steht.

Ich kochte nun viel mit Gemüse, besonders auch Broccoli, den liebte ich sehr, der Krebs aber gar nicht.
Salat gab es auch oft und mageres Geflügelfleisch und Fisch, allerdings nur natur und nicht paniert. Auf dem Wochenmarkt kaufte ich anstatt gemischtem Hackfleisch (ich sollte ja Schweine- und Rindfleisch meiden) Putenhackfleisch, das ist sehr lecker und überhaupt nicht trocken, da es aus dem Oberflügel ist. Da gab es auch hin und wieder ausnahmsweise Spaghetti Bolognese mit Putenhack und Dinkelnudeln (Anstatt von Weizennudeln). Außerdem liebe ich Fisch und ich kaufte am liebsten Lachs, Zander oder Dorade. Der ist mager und eiweißreich.

In den ersten 3 Monaten meiner Krankheit hatte ich einiges an Gewicht abgenommen. Das resultierte daraus, dass mir nach der Chemo oft schlecht war und ich keinen Appetit hatte.
Ich merkte allerdings, dass nach dem 1. CT mit den guten Ergebnissen der Appetit zurückkam. Teilweise aß ich zwei Teller, also mehr als Jürgen.

Es ging mir soweit gut und ich glaubte an die Behandlung und den Erfolg. Leider hatte ich aufgrund der Chemo nach wie vor keine Haare, aber mit der Perücke war es ok. Ich war nicht wie jeder andere, ich würde die Krankheit besiegen! Mein Ziel war es, wenn wir nach Waldkraiburg ziehen würden, wollte ich krebsfrei sein!

In Waldkraiburg wollte ich mit Jürgen sowieso ein neues Leben anfangen. Der Krebs sollte Geschichte sein und ich wollte mit meinem Mann dort ein neues Leben anfangen, neue Kontakte knüpfen und das Leben genießen.
Meine Therapeutin gab mir Rückendeckung und ich war optimal mit Vitaminen und Nährstoffen versorgt. Sie meinte, normalerweise könne ich gar nicht krank werden, weil ich mit allem so gut versorgt war.

Im Oktober begann auch die Studie bei der Chemo.

Ich überlegte lange, ob ich dabei mitmachen wollte.

Diese Studie war so ausgelegt, dass man einen Zyklus (4 Wochen) die normale Chemo bekam, im anderen Zyklus nur eine leichte Chemo. Dies zielte darauf ab, die Lebenszeit des Patienten zu verlängern, da die normale Chemo doch sehr belastet und in den Augen der Ärzte dieser Krebs sowieso unheilbar ist.

Zuerst stellte ich mich auf die Hinterfüße; ich war nicht wie die anderen Patienten, mir ging es ja schon viel besser.

„Ich will die normale Chemo, ich gehe nicht auf Kuschelkurs mit dem Krebs", sagte ich zu Herr Dr. Sandner.

„Vertrauen Sie uns, wir wissen schon, was wir Ihnen geben", sagte Herr Dr. Sandner zu mir. „ Sie bekommen bis dato auch schon etwas weniger", teilte er mir mit.

Und so vertraute ich ihm und machte bei der Studie mit.

Der Vorteil lag eindeutig darin, dass man engmaschiger mit den Blutwerten kontrolliert und das CT alle 2 Monate gemacht wurde. Wenn ich dann in der leichten Phase war, ging es mir eindeutig besser. Mir war weniger übel und die Schwäche in den Beinen war nicht ganz so groß.

Ich begann nun auch, die Medikamente zu reduzieren. Ich unterrichtete meine Heilpraktikerin davon und sie sagte nichts Gegenteiliges, zumal es mir ja stetig immer besser ging und die Schmerzen nicht mehr stark waren. Hydromorphon, also ein Opiod, macht ja auch abhängig.

Schritt für Schritt, im Abstand von einigen Wochen, reduzierte ich die Dosis, ebenso das Novalgin. Ich verspürte keinerlei Schmerzen. Wenn doch einmal Schmerzen auftraten hatte ich zu drastisch reduziert und ich musste die Dosis wieder kurzfristig minimal erhöhen. Ich hatte das gut im Griff.

Wir waren schon sehr gespannt auf unser neues Zuhause, das wir im Frühjahr 2021 beziehen sollten.

Wir schmiedeten bereits Pläne, wie unsere neue Wohnung eingerichtet werden sollte und waren bereits in einem Küchenstudio gewesen, um uns eine neue Küche zu bestellen.
Diese sollte offen sein, also ein großzügiger Kochbereich mit Arbeitsplatten und als Abgrenzung zum Wohnzimmer hin mit einer Theke und 2 Barhockern ausgestattet sein. Auch unseren Kindern gefiel die geplante, neue Küche sehr gut.

Nachdem also mein CT recht gut ausgefallen war, beschlossen Jürgen und ich, dass es nicht mehr notwendig war, unsere Büroaushilfe, Frau Lohse, weiter zu beschäftigen.
Ich war guter Dinge und sehr optimistisch, dass ich meiner Arbeit im Büro nun alleine nachgehen konnte.
Als Frau Lohse Mitte Oktober wieder zum Arbeiten kam, bat ich sie ins Wohnzimmer und erklärte ihr die Situation, dass es mir besser ging und wir ihre Hilfe nicht mehr benötigen würden.
Wir kündigten ihr zu Ende November uns stellten sie bei Lohnfortzahlung sofort frei. Sie verstand das und wünschte uns alles Gute.

Ich war wie befreit, endlich hatte ich meinen Schreibtisch wieder für mich allein und auch meine Arbeit, das ging ja bei mir flott und fehlerfrei über die Bühne. Außerdem arbeitete ich sehr gerne im Büro, das gab mir auch immer ein Erfolgserlebnis und lenkte mich vom Krebs ab.

Mitmenschen

W ährend dieser Zeit hatte ich Kontakt zu einigen Personen: Bekannte, Freunde, Nachbarn und natürlich die Familie.
Meine Familie war beruhigt, dass es mir besser ging und abgesehen von den CT-Ergebnissen fragten sie mich kaum, wie es mir ging. Ich war darüber sehr froh, denn die Krankheit sollte nicht die Oberhand in meinem Leben gewinnen.

Eines Tages war ich mit einer guten Bekannten, Katrin, in einem Möbelhaus zum Frühstück verabredet. Wir hatten ein paar Monate gar keinen Kontakt gehabt und sie wusste nichts von meinem Krebs.
Wir saßen also beim Frühstück und auf ihre Nachfrage hin wie es mir ginge, erzählte ich es ihr. Sofort brach sie in Tränen aus, was mir furchtbar peinlich war. Ich beschwichtigte sie auch gleich wieder, ging es mir momentan doch recht gut. Wahrscheinlich sah sie mich schon im Sarg, sie beruhigte sich aber Gott sei Dank schnell. Bei unserem späteren Treffen war der Krebs auch nicht mehr das Haupt-Gesprächsthema. Einige Bekannte reagierten auch sehr betroffen und boten mir spontan ihre Hilfe für Besorgungen und im Haushalt an, und erkundigten sich häufig nach meinem Befinden. Das fand ich sehr hilfsbereit und nett, allerdings habe ich die angebotene Hilfe nie in Anspruch genommen.

Dann gab es auch die lieben Nachbarn. Ich hatte es nur der unmittelbaren Nachbarin erzählt. Die konnte auch gut damit umgehen. Von ihr bekam ich auch den zusätzlichen Rat, bittere Aprikosenkerne (3 Stück täglich) zu essen. Die mag der Krebs gar nicht, denn es entsteht das Amygdalin, eine Blausäure-Verbindung, es wird auch „Vitamin B17" genannt. Man darf auch nicht zu viel davon essen, da es sonst giftig ist. Meine Heilpraktikerin bestätigte mir dies und so aßen ich – und Jürgen prophylaktisch - täglich 3 Kerne.

Dieses Amygdalin ist auch in Bittermandeln und Apfelkernen enthalten. Wenn ich einen Apfel esse, dann komplett mit dem Kern-
haus, nur der Stiel bleibt übrig. Das passt dann also auch mit den
Apfelkernen.

Wie es halt so ist, der Tratsch machte schnell seine Runde und bald
wussten es alle umliegenden Nachbarn. Die meisten schauten mich
nur mitleidig an, andere gingen mir aus dem Weg. Besonders krass
war eine Nachbarin, die mich des Weges kommen sah. Nachdem
sie mich erkannte, drehte sie sich auf dem Absatz um, ging in ihr
Haus hinein und machte die Türe zu, um nicht mit mir reden zu
müssen. Da geht halt jeder anders damit um, dieses Negative wollen auch viele Leute nicht in ihr Leben lassen, ich habe da durchaus
Verständnis dafür.
Außerdem: Über was redet man mit einem Krebskranken?
„Wie geht es dir?" Welche Antwort erwartet man da?
Jeder hat mich sich und seiner Familie genug zu tun. Da braucht es
nicht noch so ein Schreckensgespenst.

Hoffnung

Die Wochen vergingen und es ging mir gut. Meine Familie bestätigte mir, dass ich gut aussah und das freute mich sehr! Ich wog jetzt wieder 65 kg konstant und hatte Appetit. Einzig die Haare waren weg, sowohl die Kopfhaare als auch die Augenbrauen und Wimpern. Mit meiner Perücke kam ich gut zurecht und sie stand mir wirklich gut. Da ich so dünne und feine Haare habe, halte ich sie immer sehr kurz. Das ist für die tägliche Pflege auch sehr praktisch. Mehrfach wurde ich von Leuten, die mich nur vom Sehen kannten angesprochen, dass mir meine neue Frisur und Haarlänge viel besser stehen würde. Sie wussten ja nicht, dass es eine Perücke war und ich ließ sie auch in ihrem Glauben.

Die Perücke drückte mich auch nicht und ich kam gut mit ihr zurecht. Daheim lief ich allerdings oft „oben ohne" oder nur mit einem Tuch um den Kopf, herum.

Dass ich keine Wimpern und Augenbrauen mehr hatte, störte mich schon mehr. Ich konnte mich nur sehr wenig schminken, die Augenbrauen malte ich mir immer auf, das fiel mir schwer, weil ich es selten gut hin bekam. Meistens waren sie etwas schief.

Ich ging weiter regelmäßig zur Chemo. Die Pfleger waren wirklich sehr umsichtig und lasen mir jeden Wunsch von den Augen ab. Leider wurde es mir nun immer schneller übel.

Zu Anfangs nachmittags nach der Chemo, später bereits in der Früh vor der Chemo, diesmal wohl psychisch begründet. Ich hatte ja Medikamente gegen die Übelkeit, die ich nehmen konnte.

Die Zeit bei meiner Therapeutin genoss ich immer mehr. Sie hatte eine so ehrliche, erfrischende Art und holte mich immer mit den Tatsachen ein.

Sie erzählte mir vom Unterbewusstsein und dass sich fest in meinem Kopf verankern sollte, dass ich den Krebs besiegt hatte. Sie meinte zu mir, es sei auch wichtig zu sagen: „Ich habe den Krebs besiegt", auch wenn es noch gar nicht so weit war, anstelle von: „Ich werde den Krebs besiegen." Dies als Tatsache und nicht als Wunsch, dann wäre der Körper gezwungen, diesen Zustand auch herzustellen.

Außerdem schrieb ich fleißig Listen über meine Ziele, die ich umsetzen wollte. Ach ich hatte noch so viel vor:
Nachdem wir die Selbständigkeit aufgegeben und später umgezogen waren, wollten Jürgen und ich so viel unternehmen:
Reisen, Ausflüge machen, E-Bike fahren, Ausstellungen und Museen besuchen uvm.

Ich schrieb auch Dankbarkeitslisten.
Die meisten Menschen nehmen alles so selbstverständlich hin, dass es einem gut geht. Wir haben alle zu essen, ein Dach über dem Kopf, die meisten eine interessante Arbeitsstelle.
In anderen Ländern ist das nicht so. Es gibt genug Elend auf dieser Welt.
Abends, wenn der Tag vorüber war, führte ich meine Punkte auf, wofür ich an diesem Tag dankbar war.
Das konnten auch Kleinigkeiten sein: Ein nettes Gespräch mit der Nachbarin, ein schöner Spaziergang in der Sonne, ein Erfolgserlebnis im Büro.

Das ist alles wichtig für die Psyche und das positive Denken.
Es ist inzwischen wissenschaftlich erwiesen, dass man durch positives Denken die eigenen Immunzellen stimulieren kann, um den Krebs zu bekämpfen.
Ich las in dieser Zeit viele Bücher über Krebsbekämpfung und Ernährung bei Krebs, und dort wurde das mit dem positiven Denken und der Stimulierung der Immunzellen erwähnt.

Jeden Abend, das war mein Ritual, küsste ich meinen Schutzengel, den ich von meiner Nachbarin geschenkt bekommen hatte und die Glücksbringer von meiner Familie.

Max und seine Freundin EunHee fuhren sogar zum Wallfahrtsort Altötting um für mich zu beten, das rührte mich zutiefst.

Auch die Eltern von EunHee in Südkorea beteten für mich, das fand ich sehr ergreifend.

Von Lina bekam ich ihr Maskottchen, einen kleinen Stoffhund, der ihr in Prüfungszeiten immer beigestanden hatte.

Ich hörte auch immer in meinen Körper hinein, wie es ihm ging, streichelte meinen Bauch und sagte meinem Körper, wie gut er es machte bei der Krankheitsbewältigung und dass ich sehr stolz auf ihn war.

Vorweihnachtszeit

I ch hielt mich weiter recht eisern an die Vorgaben von meiner Therapeutin, ging zur Chemo und trank meinen Graviola-Tee. Außer der chemobedingten Übelkeit ging es mir gut. Seit dem letzten CT war ich ja in die Studie eingeschlossen, wo man einen Zyklus die schwere Chemo bekam, im 2. Zyklus dann die leichte Chemo. Während mich die schwere Chemo doch recht mit Schwäche und Übelkeit belastete, steckte ich die leichte Chemo mit nur 1 Tag Übelkeit recht schnell weg.

Ich nahm wieder am allgemeinen Leben teil, wir gingen auch hin und wieder tanzen, allerdings nur während der leichten Chemo, sonst hätte ich die Kraft hierzu nicht gehabt. (Herr Dr. Sandner konnte es nach meinen Erzählungen kaum glauben, dass ich die Kraft hierzu hatte. „Machen Sie weiter so, das ist sehr gut", sagte er). Ich hatte Freude am Leben und war nicht sehr eingeschränkt. Einzig das Essen wenn wir unterwegs waren, bereitete mir Probleme. Überall gibt es was Schnelles, leider meist Ungesundes wie Fastfood, Currywurst, Pommes, also nichts was ich essen darf. Ich machte es mir zur Gewohnheit, immer ein paar Nüsse (also Eiweiß) dabei zu haben. Die sind gesund und halten satt. Ich hatte immer eine Handvoll Pekan- oder Walnüsse dabei.

Im Restaurant war es einfacher: Meistens wählte ich einen Salat mit Puten- oder Hühnerstreifen oder mit Ziegenkäse, oder auch ein Fischgericht mit Gemüse. Alles andere, besonders Schweinefleisch also generell rotes Fleisch, fette Saucen, Pommes, Marinaden und Süßkram war absolut tabu für mich. Anstatt Kuhmilchprodukte aß ich jetzt Soja, das wird bei Krebs auch empfohlen. War ich früher eine „Süße" gewesen und brauchte jeden Nachmittag zum Kaffee meinen Schokoriegel, gab es jetzt einen Sojajoghurt mit Beeren oder anderem Obst, auch gerne mit

Datteln und Nüssen. Das ist sehr lecker und völlig ausreichend. Gerne peppte ich dies noch mit Kürbiskern- und Sonnenblumenkernen auf. Überhaupt liebte ich Kerne aller Art, auch Leinsamen und Hafer.
In meinen Kaffee gab ich Hafer- oder Mandelmilch, Kuhmilch ist auch nicht gut, wenn man Krebs hat.

Meine Therapeutin empfahl mir auch Broccoli-Sprossen, die sind sehr gut gegen den Krebs. Man kann diese auch vorzugsweise selber ziehen. Ich bestellte dafür bei Amazon dieses Set, bestehend aus den Broccoli-Sprossen und den dazugehörigen Keimschalen. Ich streute diese Sprossen in die Schale und übergoss sie ein paar Tage lang mit Wasser. Und schon waren frische Sprossen gewachsen, die tat ich mir dann in den Salat oder auf mein Gemüse.

Mein Gewicht hatte sich jetzt auch gut eingependelt, sodass ich mein Gewicht von 65 kg hielt, und nicht mehr wie vor 2 Jahren, 80 kg wog.
Dies hatte zur Folge, dass ich natürlich zwischenzeitlich den Inhalt meines Kleiderschranks durch eine Nummer kleiner ersetzen musste. Dies tat ich sehr gerne, zumal ich vieles aussortierte, was ich eh nicht anzog und den Kleiderschrank auf wenige, hochwertigere Kleidung reduzierte. Das war wieder ein Stück weit „loslassen" und „reduzieren", was ich mit Hingebung machte.

Ich las auch sehr gerne Erfahrungsberichte über Menschen, die den Krebs vorwiegend mit positiv denken und Aktivierung der eigenen Abwehrkräfte besiegt hatten. Dies gab mir einen neuen Ansporn.

Ich war aufgeregt: Anfang Dezember fand das nächste CT statt. Würde es weiter eine Verbesserung für mich geben?
Am 2. Dezember fuhr ich wieder zur Tagesklinik, um zuerst die Flüssigkeit zu trinken und dann in die Klinik. Die Untersuchung selbst war mir ja inzwischen bekannt. Außer dass mir bei der in-

travenösen Gabe des Kontrastmittels heiß wurde, bemerkte ich nichts.

Das Ergebnis wurde mir am folgenden Tag in der Tagesklinik mitgeteilt. Die Metastasen hatten sich alle noch etwas reduziert, sodass sie in der Summe auf eine Gesamtlänge von 24 mm kamen. Somit hatte sich der Befund vom vorherigen zum jetzigen CT in 8 Wochen um 6 mm verringert. Der Haupttumor an der Bauchspeicheldrüse wurde gar nicht mehr gemessen, da er sich ins umliegende Gewebe eingekapselt hatte. Ich war natürlich sehr froh über diese gute Nachricht – wusste ich ja, dass ich auf dem richtigen Weg war. Ich verglich mich häufig mit den anderen Patienten der Tagesklinik. Diese sahen alle sehr geschwächt aus und hatten eine Menge Nebenwirkungen von der Chemo. Soweit ich es mitbekam, ließen sie sich auch nur von der Schulmedizin behandeln.

Somit war ich Gott sei Dank um ein Vielfaches besser dran.
Es kostete mich zwar Geld, aber es war jeden Cent wert!

Weihnachten und Jahresausklang

Nun begann die Zeit der Weihnachtsbäckerei, in der ich mich aber fast ausklinkte. Da ich mich weitgehend zuckerfrei ernährte, wollte ich mich nicht in Versuchung begeben, doch hin und wieder von frisch gebackenen Plätzchen zu kosten.

Die Kinder hatten vollstes Verständnis dafür, dass das Backen heuer ausfiel. Ich kaufte dafür lieber vom Bäcker sehr leckere Plätzchen. Nur kurz vor Weihnachten ließ ich mich dazu hinreißen, für Lina und ihren Bruder Max Nussecken und Nougatstangen zu backen, die sie so sehr liebten.

Das Weihnachtsfest stand vor der Tür und die Schwester von Jürgen und ihre Tochter fragten an, ob sie mit uns feiern konnten. Man sah sich ja nicht so oft und ich willigte gerne ein, obwohl wir bereits 6 Leute mit unseren Kindern und deren Partnern waren. Sie brachten auch ihr eigenes Bettzeug mit und an diesem Heiligen Abend halfen alle fleißig mit, damit nicht nur ich die Arbeit hatte.

Wir zauberten ein leckeres Menü aus Kürbiscremesuppe, Putengulasch und Spätzle sowie eine leckere Nachspeise. Zu solchen Anlässen probierte ich dann auch ein kleines Stück der süßen Nascherei. Alles in allem hatten wir einen harmonischen und gemütlichen Abend. Es wurden die Geschenke mit einem großen „Oh" und „Toll" geöffnet. Ich bekam von Lina und Ludwig eine Schachtel mit wundervollen roten Rosen, die mit einem Mittel haltbar gemacht wurden und so mehrere Jahre überlebten. Ich hatte diese kürzlich in einem Wellness-Hotel gesehen wo ich mit Jürgen war und sie hatten mir so gut gefallen. Mein schönstes Weihnachtsgeschenk hatte ich ja schon bekommen: Meinen super guten Befund! Meine Schmerztabletten hatte ich zwischenzeitlich so reduziert, dass ich sie bis Weihnachten ganz absetzen konnte – inklusive dem Novalgin!

Am nächsten Morgen gab es noch ein opulentes Frühstück.

Lina und Ludwig brachen zuerst wieder auf, da sie sich mit Ludwigs Eltern verabredet hatten, mittags zum Griechen essen zu gehen.

Jürgen und ich hatten uns zum Abendessen mit Rodica und ihrem Freund bei unserem Griechen verabredet und der Rest der Familie fuhr wieder nach Hause.

Weihnachten war also sehr schön, aber auch anstrengend gewesen und ich gebe zu, ich war auch froh, als sie alle wieder heimfuhren. Die nächste Zeit zwischen den Jahren war es auch im Büro recht ruhig und so konnte ich wieder durchschnaufen.

An Silvester gingen Jürgen und ich in ein Tanzlokal, wo man auch lecker essen konnte. Meine Freundin Iris mit ihrem Mann war ebenfalls mit dabei. Sie hatten aber Verständnis, dass wir nur bis 22 Uhr blieben, da ich bereits müde war.

Zu Hause trafen wir uns noch mit Rodica und ihrem Freund Manfred und stießen auf das neue Jahr an. Ich genehmigte mir sogar 2 Gläser von einem alkoholfreien Sekt.

Man prostete sich zu und wünschte sich für das neue Jahr alles Gute. Jürgen und ich drückten uns sehr innig.

Ich sagte zu Jürgen: „ Ich werde gesund nach Waldkraiburg ziehen."

Pläne für die Zukunft

Die Behandlungen der Chemo und bei meiner Heilpraktikerin gingen wie gewohnt weiter. Die Infusionen bekam ich wie gewohnt, meine Therapeutin und ich bemerkten, dass meine Venen wegrollten und das Legen der Infusion sehr schwierig war. Ich dachte mir: „Siehst du, dein Körper mag das nicht mehr..."

Auch der Port an meinem linken Unterarm entzündete sich des Öfteren. Ein Tag war es gut, am nächsten Tag war er wieder entzündet und so ging es permanent weiter. Die Ärzte meinten dazu nur, man könne den Port zum Schlüsselbein verlagern. Was hätte mir das gebracht? Wahrscheinlich dasselbe in Grün, so beließ ich ihn am linken Unterarm.

Generell war ich gut drauf und fühlte mich gut. Trotzdem gingen mir viele Fragen durch den Kopf:

„Wird alles gut? Was ist, wenn ich es nicht schaffe? Dann steht Jürgen in Waldkraiburg alleine da. Was ist, wenn neue Metastasen kommen?"

Ich versuchte positiv zu denken, meistens gelang es mir.

Ich bin von Haus aus ein recht ungeduldiger Mensch und die Chemo nervte mich. Auf der einen Seite war es gut dass es sie gab, auf der anderen Seite hasste ich die Nebenwirkungen, besonders die damit verbundene Übelkeit.

Beim CT stellte ich mir immer öfter vor, dass ich gesund war und die Ärzte zu mir sagen würden: „Frau Fleischer, keine Ahnung was passiert ist, aber der Krebs ist weg!" So eine Art plötzliche Wunderheilung..

Abends wenn ich ins Bett ging, küsste ich meinen Schutzengel, meine Mutter Gottes und einen kleinen Stoffhund. Das war mir so ein tröstendes Ritual geworden. Ich konnte dann meistens gut schlafen. Unangenehm war allerdings, dass ich in der Nacht 2-3 mal zum Wasserlassen raus musste; zum einen musste die Flüssigkeit der Infusion wieder raus; zum anderen trank ich ja recht viel, alleine vom Graviola-Tee 1-1.5 Liter!

Jürgen und ich machten viele Pläne für die Zukunft. Zuerst einmal wollten wir seine Selbständigkeit zum 31. März beenden. Darauf freuten wir uns schon sehr! Wir planten sowohl unseren anstehenden Umzug nach Waldkraiburg als auch künftige Reisen und Aktivitäten.

Paul und Ulla, unsere Freunde, hatten für den Winter 2020 auf Lanzarote - wie schon seit Jahren - ein Haus gemietet. Sie hatten uns schon mehrfach dorthin eingeladen, sie zu besuchen. Bis dato mussten wir leider immer wegen unseres Büros absagen. Aber dieses Jahr würden wir sie besuchen, eine Woche bei ihnen wohnen und eine weitere Woche in einem schönen 5-Sterne Hotel im selben Ort verbringen. Darauf freuten wir uns schon sehr!

In Eigenregie

Der Januar neigte sich dem Ende entgegen und Anfang Februar sollte ich wieder eine CT-Kontrolle haben. Das Prozedere kannte ich ja schon zur Genüge und ich machte mir auch keine größeren Gedanken. Ich hatte mich gut und gesund ernährt, täglich meinen Graviola-Tee getrunken und fühlte mich gut. Wenn mich jemand fragte wie es mir ging, sagte ich: „Gut, nur die Chemo zieht mich immer wieder runter."

So war es auch. Ich bekam weiter im Wechsel die starke und die schwache Chemo.

Eines Tages, montags, als ich die starke Chemo hätte bekommen sollen, hatte ich seit dem Morgen plötzlich einen sehr starken Schnupfen, es lief wie Wasser, und ich fühlte mich nicht in der Lage, die Chemo zu bekommen. Ich fuhr trotzdem mit dem Taxi in die Tagesklinik, denn ich wollte nichts eigenmächtig entscheiden. Dort nahm man mir Blut ab und zusätzlich einen Abstrich aus dem Hals um zu sehen, ob eine richtige Grippe, eine Influenza, im Anmarsch wäre.

Das war Gott sei Dank nicht der Fall, ich hatte nur einen starken Schnupfen. Trotzdem bekam ich diese Woche Chemo-frei um mich zu erholen, ich hätte das auch gar nicht verkraftet.

Diese Woche ruhte ich mich auch vorwiegend aus und bald ging es mir wieder besser.

Was ich auch sehr bedauerte, dass meine Haare weiter ausfielen. Teilweise wuchsen sie bei der leichten Chemo ein kleines Stück, ca. 1 cm, fielen aber bei der starken Chemo sofort wieder aus. Das war echt frustrierend!

Ich wollte unbedingt, dass meine Haare wieder mal wachsen würden, aber momentan war das leider nicht drin.

So ganz ohne Haare und Perücke, also nackt am Kopf, fühlte ich mich ausgeliefert und schutzlos.

Die Zeit kam und es wurde ein neues CT gemacht. Einen Tag später ging ich wie gewohnt in die Tagesklinik, um mir das Ergebnis abzuholen. Mein Lieblingsarzt Herr Dr. Sandner war da, um mit mir das Ergebnis zu besprechen. „Es sieht gut aus", sagte er zu mir. „Der Krebs ist nicht weiter gewachsen, es kann sein, dass er geringfügig besser geworden ist. Wir müssen aber die genaue Messung abwarten."

Da war ich schon mal froh, obwohl ich einem Ergebnis in Millimeter entgegenfieberte.

Die Woche darauf war es soweit. Das Resultat ergab 22 mm anstatt 24 mm Gesamtlänge der Metastasen, den Primärtumor nicht mitgerechnet, da man diesen aufgrund der kleinen Größe und weil er ins umliegende Gewebe eingewachsen war, nicht messen konnte.

„Ok", dachte ich bei mir, „2 mm weniger in knapp 8 Wochen, da hätte ich mir mehr erwartet."

Ich will nicht undankbar sein, aber in der Summe aller Bemühungen: Harte und weiche Chemo, Graviola-Tee, gesunde Ernährung durch Meiden von Zucker, Alkohol und Kohlehydraten und positiv denken hätte es mehr sein können.

„Woraus resultiert jetzt das Ergebnis? Aus der Chemo oder meinen Bemühungen oder beides? Was, wenn der Krebs jetzt immun ist auf die Chemo und die 2 mm nur auf meiner Intervention beruhen?" Es ist ja bekannt, dass der Krebs irgendwann auf die Chemo nicht mehr reagiert und ins Gegenteil umschlägt, also wieder wächst. Das musste ich um jeden Preis verhindern! Das beschäftigte mich die ganze Zeit. „Wöchentlich diese Quälerei bei so einem geringen Ergebnis?"

Herr Dr. Sandner sagte mir zu, erst einmal bis zum nächsten CT nur die weiche Chemo machen zu wollen. Mir gefiel trotzdem die Aussicht nicht, Zeit meines Lebens die Chemo machen zu müssen, wenn auch mit kleinen Pausen (z.B. Urlaub) dazwischen.

Nach Ansicht der Schulmedizin ist dieser Krebs nicht heilbar und zeitlebens eine Chemotherapie erforderlich. Ich hatte auch nachgefragt, ob ich nicht Tabletten anstelle der Chemo bekommen könnte, aber das ist bei meinem Krebs nicht möglich.

Der Körper ist auch nicht darauf eingerichtet, ewig dieses Gift zu bekommen. Ich war zwar in der glücklichen Lage mir die Behandlung bei meiner Therapeutin leisten zu können. Ich konnte es mir aber nicht vorstellen, ewig diese Chemo zu bekommen. Diese Aussicht betrübte mich zutiefst.
Das war in meinen Augen wie in Ketten legen, eine große Einschränkung der Lebensqualität. Ich war so gut drauf und Gott und die Welt bestätigten mir, dass ich gut aussah! Ich wollte unbedingt wieder gesund werden!

In meinem Bekanntenkreis gab es Leute, die mir von Spontanheilungen Betroffener berichteten, die Bauchspeicheldrüsenkrebs hatten. Da spitzte ich natürlich meine Ohren und freute mich, dass es wohl doch möglich war, diesem Krebs zu trotzen. Wenn man lange genug recherchiert finden sich doch Betroffene, die in dieser Richtung aus der Reihe tanzen, leider nicht viele.

Ich las mit Hingabe Bücher z.B. von Rüdiger Dahlke „Krebs Wachstum auf Abwegen". Dies erläutert, wie auch schon erwähnt, die Entstehung von Krebs und enthält Empfehlungen, was man ernährungstechnisch dagegen tun kann. Natürlich greift das nicht bei allen Betroffenen gleich, zumal hier auch nach Krebsarten unterschieden wird. Es gibt aber einige Ansatzpunkte betreffend der Ernährung, was man gegen den Krebs essen sollte, so z.B. wie schon erwähnt Gemüse und besonders verschiedene Kohlsorten.

Rüdiger Dahlke empfiehlt in seinem Buch ganz auf tierisches Eiweiß zu verzichten, da es ein saures Milieu erzeugt und daher bei Krebs nicht empfehlenswert ist. Er beschreibt eine Ernährung ohne Zucker und nahezu kohlenhydratfrei, aber fett- und eiweißreich.

Er empfiehlt eine rein vegane Ernährung in seinem Buch „Die Keto-Kur". Hier beschreibt er auch das Fasten, um den Krebs auszuhungern. Das muss man halt alles einmal ausprobieren.
Es gibt aber auch eine Reihe von tollen Rezepten in seinem Buch die mich ansprachen und die ich ausprobierte. So z.B. „Rote-Beete Carpaccio mit Nüssen, Blumenkohl mit Mandel-Gremolata, Müsliriegel" und sogar auch Nachspeisen wie „Mousse au Chocolat", allerdings ohne Zucker, aber mit Erythrit.

Ich konnte mir meine Ernährung so ganz ohne Fleisch und Fisch aber nicht vorstellen und somit aß ich es schon, allerdings nicht in großen Mengen.
Das Buch „Krebszellen mögen keine Himbeeren" fand ich auch sehr interessant und pickte für mich die Ernährungsempfehlungen heraus, die ich für mich umsetzbar fand.

Ein ganz besonders empfehlenswertes Buch, was mich total inspirierte ist : „9 Wege in ein krebsfreies Leben." Hier beschreibt die Autorin Dr. Kelly A. Turner, wie nachweislich 250 von ihr interviewte Patienten den Krebs durch eine Radikalremission überstanden haben.
Bei diesem Buch blühte ich regelrecht auf; Schicksale von Patienten zu lesen, die von der Schulmedizin bereits aufgegeben wurden und nach Hause zum Sterben geschickt wurden.
Diese Patienten nahmen ihr Leben selbst in die Hand und wurden wieder gesund; natürlich nicht von heute auf morgen.
Das dauerte auch Jahre, aber wichtig ist laut der Autorin, sich selbst als den wichtigsten Menschen zu sehen und alles zu tun, was dem Körper guttut und die Heilung fördert.

Die Autorin nennt 9 Faktoren, die bei allen Patienten gleichermaßen vorkommen und zur Heilung beigetragen haben:
Ernährungsumstellung durch Meiden von Zucker und Kohlehydraten, Kräuter-und Nahrungsergänzungsmittel nehmen, Filtern

von Leitungswasser und die Kontrolle über die eigene Gesundheit zu übernehmen, um nur ein paar zu nennen.

Das ist der springende Punkt: Normalerweise gibt der Patient dem Arzt sein Leben in die Hand und sagt: „Mach mal, kümmere dich um mich." Das ist der Fehler. Man darf sein Leben nicht aus der Hand geben. Ich will nicht sagen, dass die Chemo-Therapie schlecht ist; im Gegenteil: Die Chemo-Therapie hat mein Leben gerettet, durch sie ist der Krebs zu 80% weggegangen. Man muss aber den Ausstieg schaffen und sein Leben selbst in die Hand nehmen.

Mit der Komplementärmedizin ist so viel möglich; ich bedauere zutiefst, dass die Schulmedizin in den allermeisten Fällen nicht damit zusammen arbeiten will. Die Schulmedizin kennt nur das Gift der Chemo.
Dieses aggressive Gift vernichtet sowohl die Krebs- als auch die gesunden Zellen und der Körper leidet drunter.
Die Naturheilkunde greift nicht in den Körper ein, sondern unterstützt ihn dabei, sich selbst zu heilen.

Als ich anfangs den Ärzten von meiner Heilpraktikerin berichtete, erntete ich nur ein müdes Lächeln, so wie: „Arme Irre, soll sie mal machen, das bringt sowieso nichts."
Das fand ich sehr schade. Ich erzählte den Ärzten auch später nichts mehr von der Heilpraktikerin, ich betonte ihnen gegenüber nur, wie wichtig es sei, positiv zu denken und Diät zu halten. Den Graviola-Tee kennt sowieso kein Arzt.

Nach dem letzten CT-Befund von nur 2 mm minus in knapp 8 Wochen fand ich es an der Zeit, das Ruder selbst zu übernehmen.

Ich wollte ausprobieren, was passiert, wenn ich 6 Wochen bis zum nächsten CT Termin keine Chemo bekommen würde. Konnte ich nur mit meinem Graviola-Tee und Diät den Krebs weiter eindämmen?

Psychisch war ich sowas von gut drauf.
Inspiriert von den Büchern die ich gelesen hatte, war ich mir sicher, dass ich das schaffen würde.
Ich erzählte meiner Therapeutin von meinen Gedanken. Sie konnte mich gut verstehen, nahm mir allerdings das Versprechen ab, dass ich weiter zusätzlich die Nahrungsergänzungsmittel nahm und meinen Graviola-Tee trank. Zusätzlich trank ich jetzt auch des Öfteren japanischen, grünen Tee, der wird auch im Kampf gegen den Krebs empfohlen.

Beim nächsten Chemo-Termin wollte ich meinen Arzt von meinem Vorhaben unterrichten. Herr Dr. Sandner war in der Faschingswoche nicht da, Herr Dr. Stenzl vertrat ihn. Ich erzählte ihm von meinem Vorhaben und erwartete ein Donnerwetter, da ich mich nicht an ihre Vorgaben halten würde. Stattdessen war er sehr verständnisvoll und fragte mich lediglich, ob ich heute noch eine letzte Chemo haben wollte.
Ich verneinte und er nahm mir nur Blut ab. Ich vereinbarte mit ihm, dass ich also 6 Wochen Chemo-frei hätte und dann die Blutwerte für das nächste CT in der Hausarztpraxis machen sollte.
Ich war sehr froh über meine Entscheidung und dass mich ab sofort mindestens 6 Wochen lang keine Chemo-Nebenwirkungen begleiten würden.

Ich hielt Zwiesprache mit meinem Körper und hatte immer das Buch im Kopf, was von den Radikalremissionen berichtete.
„Ich bin die Nächste", dachte ich bei mir. Ich hatte mein Leben komplett auf den Kopf gestellt, machte alles, um dem Krebs Paroli zu bieten und ging auch weiterhin zu meiner Therapeutin, wenn auch nur noch 1x pro Woche. Ich brauchte ja jetzt keine Chelat-Ausleitung mehr und bekam nur noch meine Protokoll-Infusionen.
So hatte ich jetzt auch ungewohnte Freiheiten. Ich hatte nun auch 2

Vormittage frei, wo ich bis dato immer in der Chemo und bei meiner Heilpraktikerin war.

Ich begann mich wieder mehr am öffentlichen Leben zu beteiligen, jetzt hatte ich doch mehr Zeit hierfür.
Ich liebte bummeln gehen und mich mit Freundinnen zu treffen, das hatte ich bis dato immer hinten anstellen müssen.
Mit Sandra, die mir den Graviola-Tee gebracht hatte, hielt ich nach wie vor Kontakt und hin und wieder trafen wir uns auch auf einen Plausch im Park oder gingen zusammen mit anderen Freundinnen in ein Lokal. Ihr ging es nach wie vor auch recht gut, sie musste allerdings auch starke Schmerzmittel nehmen.

Ich besuchte auch hin und wieder meine Tante, sie ist Italienerin und lebt aber seit 50 Jahren in Deutschland.
Ich hatte bereits vor Jahren angefangen, bei ihr Italienisch Unterricht zu nehmen. Sie freute sich immer so auf mich, zumal ihr Mann ein halbes Jahr zuvor an Magenkrebs verstorben war. Nun konnte ich wieder regelmäßig zu ihr gehen und wir genossen beide diese Treffen.
Ich ertappte mich auch dabei, dass ich angefangen hatte, immer öfter zu singen, einfach weil ich Lust darauf hatte und glücklich war.

Die Corona-Krise

Mein 58. Geburtstag rückte näher und ich lud meine Freundin Iris mit ihrem Mann Eckhard, sowie Rodica mit Freund Manfred in ein gutes, deutsches Lokal zum Abendessen ein.

Ich hatte mich längst daran gewöhnt, nichts Deftiges mehr zu essen. Einen Schweinebraten mit Knödel würde ich gar nicht mehr runterbringen.
Stattdessen aß ich jetzt meistens in der Gaststätte Gemüse mit Fisch und Salat oder einen Ziegenkäse-Salat. Das reichte mir und ich war dann auch nicht so pappsatt.
An diesem Abend aß ich Gemüsepflanzl mit einem leckeren Salat, als Getränk gab es stilles Wasser. Alkohol hatte ich schon 8 Monate nicht mehr getrunken, ich vermisste ihn auch gar nicht. Meine Leber hatte es ohnehin schon schwer genug.

Wir verbrachten einen geselligen Abend und ich war wirklich sehr gut drauf. Ich spürte eine Kraft in mir, alles würde immer besser werden! Ich war nicht mehr so schnell müde und erschöpft und meine Haare begannen langsam wieder zu wachsen! Leider war es nur ein Flaum, wie von einem Angora-Kaninchen, aber mit der Zeit, wohl auch aufgrund meiner Nahrungsergänzungsmittel, wurden sie stärker. Am Anfang waren sie ganz grau, nur am Hinterkopf dunkel. Ich würde sie mir allerdings niemals färben lassen.

Als Geschenk bekam ich von meinen Freundinnen Geschenke vom Schmuckladen „Pandora." Das hatte ich mir auch so gewünscht, ich finde das so hübsch. Von Rodica bekam ich einen Gutschein, von dem ich mir später ein Armkettchen kaufte, und von Iris einen kleinen Engel, der mich nach unserem Umzug in Waldkraiburg beschützen sollte. Ich fand das total süß!

Bereits an meinem Geburtstag bemerkte ich, wie sich mein Port am linken Unterarm immer wieder entzündete. Eines Tages war er allerdings so schlimm entzündet, dass mich Jürgen abends noch in meine Klinik in die Notfallambulanz fuhr. Die Stelle war heiß, geschwollen und tat sehr weh. So schlimm war es noch nie gewesen. Ich hatte Angst, eine Blutvergiftung zu bekommen. Am selben Abend nahmen sie mir den Port unter örtlicher Betäubung raus. Es tat trotzdem ganz schön weh und die Wunde wurde mit ein paar Stichen genäht.

Gott sei Dank verheilte es recht schnell und ich war froh, ihn los zu sein. Meine Freundin Iris meinte hierzu: "Siehst du, dein Körper wollte ihn auch nicht mehr haben."

Genauso sah ich das auch. Wenn wieder ein Port von Nöten sein würde, was ich inständig nicht hoffte, würde ich ihn mir am Brustbein anlegen lassen, wie die meisten Patienten.

Im Frühjahr 2020 begann in China die große Corona-Krise, wo sich zigtausend Menschen mit dem Coronavirus infizierten und viele Leute auch daran starben. Dieser Virus wurde über Tiere übertragen und war höchst ansteckend.

Es war nur eine Frage der Zeit, bis der Virus nach Europa und auch nach Deutschland kam. Zuerst waren nur ein paar Mitarbeiter einer Firma betroffen, die bei einem Meeting Besuch von einer infizierten, chinesischen Mitarbeiterin hatten.

Durch diese breitete sich die Infektion rasend schnell aus, so dass wir nach 3 Wochen schon Tausende Infizierte in ganz Deutschland hatten.

Die Krankheit war sehr gefährlich, besonders für alte Menschen und Menschen mit Vorerkrankungen, so auch für mich.

Anfangs dachte ich mir noch nicht viel dabei, später aber begab ich mich nur noch mit Sonnenbrille, Handschuhen und Mundschutzmaske zum Einkaufen, denn man wusste ja nicht, welche Keime irgendwo lauerten.

Als ich in der Arztpraxis den Termin zur Blutabnahme Ende März vor dem CT hatte, ging ich mit Sonnenbrille und Mundschutz hin. Die Arzthelferinnen hatten auch alle Mundschutz und Sonnenbrille als Vorsichtsmaßnahme und es wurde überall um einen Mindestabstand von 1.5 bis 2 Meter gebeten.

Ich überlegte mir, dass es momentan kein guter Zeitpunkt sei, um zum CT in die Klinik zu gehen; das war ja ein Hotspot schlechthin und ich wollte mich nicht in Gefahr begeben.
Ich beschloss, wenn die Blutwerte und auch die Tumormarker in Ordnung wären, würde ich in die Tagesklinik nur eine E-Mail mit meinen Blutwerten schicken und das CT um 2 Monate verschieben, bis diese Corona-Krise wieder abebbte.
Viele Leute machten Homeoffice oder Kurzarbeit und die Wirtschaft, ganz besonders auch die Reisebranche war am Boden, da die Grenzen geschlossen wurden und der Luftverkehr eingestellt wurde. Europaweit gab es Ausgangssperren und ganz schlimm war es in Italien und Spanien. Da ließ man alte Leute sterben, weil nicht genug Beatmungsgeräte da waren und man behandelte nur die jüngeren Leute.
Diese Zeit ab Mitte März war ganz schlimm. Es gab einen „Lockdown" bei uns in Deutschland, Kitas und Schulen wurden geschlossen und Veranstaltungen aller Art abgesagt.
Wir bekamen auch eine Ausgangsbeschränkung und durften nur noch zum Lebensmittel einkaufen raus, in die Drogerie, zum Arzt oder in die Apotheke. Andere Geschäfte waren geschlossen, ebenso wie die zahlreichen Restaurants.

Die Situation war schlimm, weil man ja den ganzen Tag nur vom Coronavirus hörte und die Leute weitgehend die ganze Zeit in ihren Wohnungen und Häusern verbringen mussten.
Uns ging es noch verhältnismäßig gut, da wir eine Terrasse mit Garten hatten, wo wir uns ins Freie begeben konnten.
Spaziergänge waren nur zu zweit oder innerhalb der Familie möglich.

Die Leute versuchten, die Zeit zu Hause so sinnvoll wie möglich zu nutzen. Viele mussten auch ihre Kinder im HomeSchooling betreuen, was sehr anstrengend war.

Ich nutzte diese Zeit zum Entrümpeln, meiner Lieblingsbeschäftigung. Es war eh Zeit zum Aussortieren, was sich innerhalb der letzten 20 Jahre bei uns angesammelt hatte und wir nicht zum Umzug mitnehmen wollten.

Wie geht es weiter?

I ch wartete nun auf das Ergebnis der Blutuntersuchung. Ich war schrecklich nervös, obwohl ich mich ja stets an die Vorgaben meiner Ernährung gehalten hatte. „Was mache ich nur, wenn die Werte schlecht sind?" dachte ich mir. „Wenn der Krebs wieder wächst, dann brauche ich wieder einen Port und dann Chemo. Es darf nicht schlecht sein!"

Mit zitternden Händen wählte ich die Nummer der Arztpraxis und fragte nach. "Kleinen Moment, ich schaue nach", sagte die Arzthelferin zu mir. „Die Werte sind allesamt in Ordnung", sagte sie kurz darauf zu mir. Ich ließ mir die Werte zufaxen und hielt es schwarz auf weiß in meinen Händen: Alle Werte, Leber, Niere, Blutbild, Tumormarker, alle waren im grünen Bereich, kein Wert außerhalb. „Yippie", jubelte ich und sprang vor Freude in die Luft. „Ich habe es gewusst, wenn ich mein Leben jetzt selbst in die Hand nehme, wird alles gut", sagte ich zu Jürgen. Ich verglich genauestens die Werte der Tumormarker: Obwohl ich seit 6 Wochen keine Chemo mehr hatte, waren die Tumormarker ohne Chemo! nochmal um 50% runtergegangen.

Ich war überglücklich und hätte die ganze Welt umarmen können! Dieser Erfolg gab mir recht, ich habe daran geglaubt, dass ich es alleine schaffen würde und mein Gefühl hatte mich nicht betrogen! Ich musste diese Neuigkeit sofort im Familien- und Bekanntenkreis herumerzählen! Ich schrieb den ganzen Tag WhatsApp und bekam reihenweise Glückwünsche - besonders von meiner Familie und alle freuten sich mit mir. Auch meine Therapeutin freute sich riesig mit mir; schließlich war es auch ihr Erfolg!

Am nächsten Tag faxte ich meine Blutwerte in die Tagesklinik und erklärte, dass ich aufgrund der Corona-Situation das CT um ca. 2 Monate verschieben wollte und auch momentan keine weitere

Chemo bekommen wollte. Herr Dr. Kurz, mit dem ich kurz darauf telefonierte, beglückwünschte mich zu meinen super guten Werten und sagte, dass alle Ärzte gestaunt hätten.

Ich denke, dass sowas nicht allzu oft vorkommt. Er war einverstanden, das CT aufgrund der aktuellen Situation zu verschieben und riet mir aber, alle 3 Monate weiterhin zusätzlich zu den regelmäßigen Blutuntersuchungen ein CT machen zu lassen. Er sagte, dass ich das auch extern in einer niedergelassenen Radiologie-Praxis vor Ort machen könne. Mir war es wichtig, zu den Ärzten der Tagesklinik weiterhin einen guten Draht zu haben, denn ich wusste ja nicht, wie meine Zukunft aussehen würde.
Ich beteuerte Herrn Dr. Kurz, dass ich dankbar war, die Chemo in der Tagesklinik habe machen zu dürfen und diese auch so erfolgreich war.
Ich fragte ihn, ob ich wiederkommen dürfe, wenn sich mein Zustand verschlechtern würde und er sagte sofort zu.
Zu guter Letzt ließ ich noch Grüße an das gesamte Pflegepersonal und alle Ärzte ausrichten und legte auf. Ich war total stolz auf mich: Zum einen wegen der guten Werte und zum anderen, dass ich mir ein Hintertürchen offen gehalten hatte, wenn der Krebs wieder Probleme machen würde.

Ich war jetzt voller Energie und grenzenlos optimistisch, dass ich den Krebs überstehen würde. Ich wollte mich weiter gut an die Ernährungsempfehlungen von meiner Heilpraktikerin und den Büchern halten und meine Nahrungsergänzungsmittel weiter nehmen. Ich fragte meine Therapeutin, ob ich die Nahrungsergänzungsmittel jetzt absetzen könnte, mir würde es doch nun gut gehen. Sie meinte allerdings, dass ich den Krebs ja bekommen hatte, weil ich ein Defizit in irgendeiner Art und Weise hatte und mein Körper aufgrund von einem Mangel die krebsauslösenden Zellen nicht bekämpfen konnte. So nahm ich also die NEM's weiter.

Meine Therapeutin war mir in der Zwischenzeit eine richtige Freundin geworden. Sie freute sich mit mir und sie verstand auch, dass ich in Zukunft nicht mehr wöchentlich zu ihr kommen wollte. Während der Corona-Krise erhielt ich noch wöchentlich von ihr einen Vital Cocktail, um mein Immunsystem gegen die Viren zu stabilisieren, später dann nur noch alle 2 Wochen und ca. 1 Jahr nach Krankheitsbeginn, ging ich nur noch 1x pro Monat zu ihr. Es war mir sehr wichtig, mich regelmäßig, wenn auch in größeren Abständen, mit ihr austauschen zu können und auch ab und zu eine Infusion zu bekommen.

Die Aufgabe des Arbeitslebens

Dies war auch eine ganz besondere Zeit in Jürgens und meinem Leben. Jürgen beendete Ende März 2020 seine Selbständigkeit und kurz darauf begannen wir, das Büro zu entrümpeln, diverse Fachlektüre von ihm zu verkaufen und den Speicher auszusortieren. Es hatten sich ja einige Ordner angesammelt, die wir nicht nach Waldkraiburg mitnehmen wollten, wir hatten ja sämtliche Gutachten auch digital. Wir beauftragten eine Aktenvernichtungs-Firma, die diese Unterlagen schredderte. Ich merkte richtig körperlich, dass es mir mit jedem Teil was wir weniger hatten, besser ging. So nach dem Motto: „Weniger ist mehr." Zu viele Sachen belasten einen nur und man muss Energie verschwenden, um sie zu horten. Das Entrümpeln machte mir einen Riesenspaß, sich von allem Überflüssigen zu trennen. Das gab mir ein unheimlich befreiendes Gefühl!

Ich bemerkte auch, dass ich insgesamt ruhiger wurde.
Ich nahm mir für alles mehr Zeit und teilte mir meine Arbeit ein (meistens war ich einen halben Tag produktiv und die andere Hälfte des Tages widmete ich meinen Hobbies: Lesen, italienisch lernen und ruhte mich aus). Ich hatte mir auch angewöhnt, mich mittags nach dem Essen 30 Minuten (nicht länger, da wird man zu müde) hinzulegen, das gibt mir immer neue Kraft.

Viele Campingartikel, die sich im Laufe der Zeit angesammelt hatten, gab ich der kleineren Tochter von meiner Freundin Rodica. Diese freute sich wie ein Schnitzel und wir hatten wieder einige Sachen weniger.

Einiges brachten wir vor Ort in den Wertstoffhof, so freuten sich auch Leute, die schöne Dinge umsonst mit nach Hause nehmen konnten.

Wir wollten ja schließlich von einem Haus in eine 3-Zimmer-Wohnung ziehen, da muss man schon Abstriche machen.

Inzwischen war es Ende April geworden und die Corona-Maßnahmen wurden zwar leicht gelockert, aber der Virus war noch überall da...
Langsam gewöhnte man sich an die Mundschutzmasken, aber es war trotzdem sehr unangenehm mit diesen, da man nicht so viel Luft bekam und die Brille oft anlief.
Da Jürgen als Diabetiker und ich auch zur Risikogruppe gehörten, passten wir schon sehr auf, wo wir hingingen.
Wenn wir wohin mussten dann nur mit dem Auto, öffentlich zu fahren, mit so vielen Leuten - ohne Mindestabstand - das wollten wir nicht, um uns keiner unnötigen Gefahr auszusetzen. Das Virus grasierte nun vorwiegend in den Alten- und Pflegeheimen.

Es war schon paradox: Jürgen und ich hatte wegen meiner Krankheit die Arbeit aufgegeben, um das Leben in vollen Zügen genießen und reisen zu können, und nun saßen wir zuhause und konnten außer spazierengehen nichts unternehmen.
Wir machten aber das Beste daraus und ich freute mich, dass es mir doch so gut ging.

Die Kreuzfahrt, die wir ursprünglich für Anfang April gebucht hatten, wurde abgesagt und wir verschoben sie auf ziemlich genau 1 Jahr nach hinten, da würden wir schon nach Waldkraiburg gezogen sein.

Trotz dieser Krise ging es mir recht gut.
Ich war zwar vorsichtig, was ich machte und mit wem ich Kontakt hatte, ich steigerte mich aber in nichts hinein. Ich hörte immer in meinen Körper hinein wie es ihm ging, was ihm guttat und hielt mich weiterhin an die Ernährungsvorgaben. Diese waren mir zwischenzeitlich schon in Fleisch und Blut übergegangen. Noch konnte man ja in kein Restaurant gehen und so kochte ich relativ oft und

aufwendig zu Hause, mit viel Gemüse, Salat und Geflügelfleisch oder Fisch. Das schmeckt auch Jürgen, und da er Diabetiker ist, tut es ihm auch gut, bewusst zu essen und Kohlenhydrate und süße Sachen zu meiden.

Zum Frühstück machte ich mir meist eine Art Porridge aus wenigen Dinkelflocken (da Kohlehydrate) mit Pekan- und Walnüssen, verschiedenen Kernen, frischem Curcuma, Beeren (Himbeeren, Heidelbeeren oder Erdbeeren, frisch oder TK).
Das wärmte ich mit Mandelmilch in einem Topf auf und es schmeckt super lecker und hält lange satt.

Da es mir eben gut ging, dachte ich mir, müssten meine Werte und mein Befund hoffentlich auch gut sein.
Als immer mehr Zeit ins Land ging und die Corona-Krise nicht mehr so dramatisch war, beschloss ich, doch in nächster Zeit das aufgeschobene CT machen zu lassen.
In der Tagesklinik wurde mir gesagt, dass ich die Blutwerte hierfür sowieso beim Hausarzt und das CT in jeder niedergelassenen Radiologie-Praxis machen könnte, da müsste ich nicht extra in die Uniklinik fahren.

Der Schock

I ch rief also in der Radiologie-Praxis vor Ort an und vereinbarte einen CT Termin. Mit der Arzthelferin besprach ich, dass ich den Befund direkt mit der Ärztin besprechen wollte und nicht im Anschluss daran mit der Hausärztin.

Zuerst allerdings ging ich in die Hausarztpraxis zum Blut abnehmen und bestand darauf, dass wieder sämtliche Parameter wie Entzündungswerte, Blutbild, Leber, Niere, Schilddrüse und die Tumormarker gemacht werden sollten. Hierfür musste ich mich ganz schön auf die Hinterfüße stellen, denn freiwillig wollten sie nur ein paar eingeschränkte Werte machen. Mir war es aber wichtig, umfangreiche Werte zu meinem Gesundheitszustand zu bekommen, wie sie auch in der Uniklinik zu Chemo-Zeiten bestimmt worden waren. Nach viel hin und her („Mir ist das wichtig, ich bin schließlich Tumorpatientin..") wurde es akzeptiert, aber mit dem darauf folgenden Hinweis, die nächste Analyse könne man erst im nächsten Quartal machen.
Vorher würde ich ja eh nicht mehr hingehen.

Die paar Tage bis zu den Blutergebnissen durchlitt ich wieder Qualen: Was ist, wenn die Befunde doch schlecht sind, obwohl ich mich gut fühle? Werden die Tumormarker gestiegen sein, jetzt 3.5 Monate nach Beendigung der Chemo?

Ein paar Tage später holte ich mir in der Praxis die Befunde ab und war wieder super glücklich: Alle Werte waren im Normbereich, auch Leber, Niere und die Tumormarker!
Dann wird das CT hoffentlich auch in Ordnung sein dachte ich bei mir....

Es war also Ende Mai und ich ging mit meinen Blutwerten zu der Radiologie-Praxis zum CT.

Die Praxis war mir von Anfang an unsympathisch, ich war ja vorher noch nie dort gewesen und hatte sie mir nur ausgesucht, weil sie so nah war.

Ich betrat mit meiner Maske die Praxis und musste eine Zeit lang vor der Anmeldung warten. Die Arzthelferin war sehr unfreundlich und ich setzte mich ins Wartezimmer.
Nach einer Zeit wurde ich aufgerufen und ins Behandlungszimmer gebeten, wo ich - wie mir schon bekannt war - das Kontrastmittel zum Trinken bekam. Auch in dieser Zeit wo das CT gemacht wurde, musste ich die Maske aufbehalten. Das war schon komisch, wohl aber Vorschrift.

Danach sagte ich der Arzthelferin an der Anmeldung, dass ich das Ergebnis direkt mit der Ärztin besprechen wollte.
„Das geht aber nicht", sagte sie zu mir. „Der überweisende Arzt bekommt einen Befundbericht von uns."
„Ich hatte aber bei der Terminvereinbarung schon dazu gesagt, dass ich hier mit dem Arzt sprechen möchte", sagte ich zu ihr. Schließlich waren das ja Fachleute und die konnten das CT-Bild sicher besser interpretieren als mein Hausarzt.
Die Arzthelferin musste also nachfragen, kam zurück und sagte zu mir, dass das in Ordnung sei und ich noch im Wartezimmer Platz nehmen sollte.

Bald darauf wurde ich zu der Radiologie-Ärztin hinein gerufen und nahm gegenüber von ihr Platz.
Sie schaute auf das Bild und dann zu mir und sagte: „Warum sind Sie denn eigentlich da?"
„Oh", dachte ich mir, „da ist nichts, sie sieht nichts", war mein erster Gedanke.
„Eigentlich habe ich ein Pankreaskarzinom mit verschiedenen Metastasen", sagte ich zu ihr. „Wenn Sie mir aber sagen, da ist nichts, falle ich Ihnen vor Freude um den Hals", platzte ich heraus.

Ich hatte den letzten Befundbericht von der Uniklinik mit den genauen Millimeter-Angaben der Metastasen dabei und zeigte ihn ihr.

Zuerst einmal wollte die Ärztin alles von mir wissen, seit wann ich die Krankheit hatte und wie die Behandlung bis dato ausgesehen hatte.

Ich erzählte ihr von der Chemo und dem guten Ergebnis und dass ich ab Februar keine Chemo mehr gemacht hatte und mit Diät und Nahrungsergänzungsmitteln den Tumor in Schach hielt. (Den Graviola-Tee erwähnte ich nicht, den kennt eh keiner).

„Sie wissen aber schon, dass die Chemo ihr Leben gerettet hat", sagte sie zu mir.
„Ja, das weiß ich, und ich bin auch sehr dankbar dafür", versicherte ich ihr daraufhin." „Aber jetzt mache ich eine Chemo-Pause", sagte ich zu ihr.

„Also das an der Bauchspeicheldrüse kann man nicht mehr messen, der Tumor ist so ins Gewebe eingewachsen, dass man es nicht mehr unterscheiden kann. Und die Lebermetastasen sind so vorhanden, wie sie in ihrem Vorbericht sind, nämlich 3 und 4 mm lang."
Ich begann mich schon zu freuen als sie sagte:„ Aber da sind Lymphknotenmetastasen, die sind jetzt 18 mm lang, und in dem Vorbericht sind sie nur 7 und 8 mm lang", sagte sie zu mir.
Mein Herz drohte stehen zu bleiben.

„Wie kann das sein?" dachte ich bei mir. Ich hatte mich so gut gefühlt und diese sollten so gewachsen sein? Über einen Zentimeter? Ich war fix und fertig…
Die Ärztin sagte zu mir: „ Aber man muss auf jeden Fall das vorherige Bild mit dem Neuen hier vergleichen. Entweder Sie bringen mir das vorherige Bild von der Uniklinik oder Sie nehmen von un-

serem Bild eine Kopie und bringen es in die Uniklinik. „Dann würde ich gerne von Ihnen eine Kopie bekommen und mitnehmen", sagte ich zu ihr.
Ich musste noch einmal eine halbe Stunde warten und bekam dann die Kopie.

Ich hatte daraufhin recht schnell einen Termin in der Tagesklinik zur Besprechung des neuen CTs bekommen.
„Leider kann ich das Bild nicht einlesen", wurde mir von Herrn Dr. Kurz gesagt. „Irgendetwas ist nicht in Ordnung, evtl. mit meinem PC. Ich gebe es ins Haupthaus und dann telefonieren wir morgen wegen dem Ergebnis", sagte er zu mir.

An diesem Nachmittag kamen Max und EunHee zu uns, da wir zusammen in den Wildpark gehen wollten. Sie hatten Urlaub und der Park war seit ein paar Tagen wieder geöffnet.

Es war schönes Wetter, aber ich konnte den Ausflug überhaupt nicht genießen. Ich war sowas von schlecht drauf, machte mir Gedanken und das sieht man bei mir immer sofort im Gesicht.
Ich sagte meiner Family von meinen Ängsten, aber sie meinten, ich solle doch erst einmal das Gespräch mit meinen Ärzten abwarten. Sie hatten ja recht und meinten es gut mit mir, ich war aber wahnsinnig deprimiert.

Am nächsten Tag fragte ich wie vereinbart in der Tagesklinik nach. Dort sagte man mir allerdings, dass diese CD nicht in Ordnung sei und diverse Dateien fehlen würden. Ich wurde gebeten, in der radiologischen Praxis noch einmal eine Kopie der CT-Bilder zu holen.
Dies tat ich am nächsten Tag und brachte diese Kopie abermals in die Uniklinik. Ich rechnete damit, dass das Einlesen diesmal schnell gehen würde und man mich umgehend wegen des Ergebnisses anrufen würde. Aber nichts dergleichen geschah.

Das CT wurde am Montag, den 25. Mai gemacht und am Donnerstagmittag hatte ich immer noch kein Ergebnis. Ich war mit meinen Nerven am Ende. Ich malte mir aus, wie der Krebs weiter gewachsen war und dass ich kaum mehr eine Chance hatte. Ich weinte viel und dachte bei mir, dass ich keine Chemo mehr machen würde und nur die verbliebene Lebenszeit mit meiner Familie noch genießen wollte. Ich sah wieder meine eigene Beerdigung…

Donnerstagmittag rief ich wieder in der Tagesklinik an und wurde wieder vertröstet, man würde mich „gleich" zurückrufen. Als nach 2 Stunden immer noch kein Anruf kam, war ich furchtbar sauer. „So langsam fühle ich mich aber verarscht", sagte ich zu dem Arzt, als ich ein weiteres Mal anrief und wieder vertröstet wurde. „Sie sind nicht die einzige Patientin", sagte Herr Dr. Stenzl zu mir. „ Ich verspreche Ihnen aber, dass ich die Sache heute noch mit den hiesigen Radiologen bespreche und Sie abends noch zurückrufe."
Ich dachte mir, dass die Ärzte mich das jetzt spüren lassen wollten, dass ich die Chemo eigenmächtig beendet hatte und sie mir dadurch zeigen wollten, dass sie am längeren Hebel sitzen….

Ich glaubte schon nicht mehr daran. Abends gingen Jürgen und ich noch mit unserem Hund Bailey die Abendrunde spazieren, als plötzlich mein Handy klingelte und ich sah, dass es die Uniklinik war.
Ich war sehr aufgeregt als ich ran ging. Herr Dr. Stenzl sagte zu mir: "Wir haben die Bilder mit den Vorherigen verglichen und an der Bauchspeicheldrüse kann man nichts mehr Genaues erkennen. Die Metastasen an der Leber sind unverändert."
„So jetzt kommt's", dachte ich mir. Aber es kam nichts.
„Ja und was ist dann mit den Lymphknoten?" fragte ich Herrn Dr. Stenzl. „Auch diese sind unverändert, keine Vergrößerung."

Ich bedankte mich für den Rückruf, legte auf und brach förmlich zusammen. Diese ganze nervliche Anspannung der letzten 4 Tage war zu viel für mich gewesen und ich bekam auf offener Straße

einen Weinkrampf. Ich war so erleichtert, da fiel mir im wahrsten Sinne des Wortes ein Felsklotz vom Herzen. Jürgen drückte mich fest und sagte: "Ich wusste, die Blutwerte sind so gut, es kann nicht sein, dass der Tumor gewachsen ist."
Es dauerte den ganzen Abend bis ich mich beruhigt hatte.

Aufklärung

Es folgte das Pfingst-Wochenende und die Kinder kamen zum „Family-Day." Ich war so froh, sie alle wiederzusehen, und drückte trotz Corona jeden fest und innig. Ich erzählte ihnen von der Anspannung der letzten Tage und sie konnten sich gut in mich hinein versetzen.

Wir verbrachten ein harmonisches Wochenende und ließen uns beim Griechen Gyros, Lamm und Tsatsiki schmecken.
Man durfte inzwischen wieder in die Restaurants gehen, aber mir war es nur im Biergarten dort sicher. Das Wetter war auch schön, also passte das.
Schließlich werden in den Innenräumen auch Aerosole übertragen und die Infektionsgefahr ist nicht unerheblich.
Ich liebe beim Griechen den Ziegenkäse-Salat. Dieser wird mit viel grünem Salat, Rucola, Walnüssen, Ziegenkäse und Tomaten zubereitet. Ich finde ihn total lecker. Meine Tochter Lina isst ihn auch recht oft, sie ist ja Vegetarierin.

Das Thema mit den Lymphknoten beschäftigte mich aber nach wie vor. „Wie kann das sein, der Arzt sagt, es ist nichts gewachsen, in meinem Befund steht 7 und 8 mm und die neue Radiologie-Ärztin sprach von 18 mm. Das ist eine Differenz von über 1 cm."

Ich beschloss, mir in der Tagesklinik bei meinen Ärzten noch einmal einen Termin geben zu lassen und das Ergebnis noch einmal gemeinsam zu besprechen.
Ich bekam recht kurzfristig einen Termin und konnte sogar von der Radiologie-Praxis den schriftlichen Befund mitbringen, da dieser bei meinem Hausarzt schon angekommen war.

Ich wurde aufgerufen und diesmal war Herr Dr. Kurz da. Er bat mich, Platz zu nehmen und ich beschrieb ihm mein Anliegen. Er nahm sich Zeit, holte sich die neuen Bilder auf den Bildschirm und deutete, ich solle mich neben ihn setzen. Gemeinsam sahen wir uns die Bilder an und er erklärte mir alles.

Auf die Frage der Größe der Lymphknoten maß er jeden einzelnen aus und las auch den Bericht in Ruhe, den ich mitgebracht hatte. Dann verglich er seine Maße mit dem vorherigen Bild und bestätigte mir, dass mein Befund konstant sei, sich also nicht verschlechtert hatte.

„Aber woher kommt diese Größen-Differenz?" fragte ich ihn.
Daraufhin meinte er: "Schauen Sie, wir messen immer den Querdurchmesser der Metastasen, die Radiologie-Ärztin hat den Längsdurchmesser gemessen."
Das war also des Rätsels Lösung gewesen…
Ich war gefühlt tausend Tode gestorben und nun diese Antwort!
Absolut plausibel, ich wunderte mich, dass es dafür allerdings keine einheitlichen Vorgaben zu geben schien.

Das mit den Lymphknotenmetastasen war ja auch so eine Sache.
„Sieht man denn auf dem CT, dass diese Lymphknoten mit Krebs befallen sind?" hatte ich bereits vor längerer Zeit Herrn Dr. Sandner gefragt. „Man geht davon aus, weil sie unter der Chemo kleiner geworden sind", sagte er. Genau wisse man das aber nicht.

„Die Lymphknoten sind die Wächter des Körpers", dachte ich mir. Vielleicht sind sie kleiner geworden, weil der Krebs sich verkleinert hat und sie nicht mehr so viel aufpassen müssen", redete ich mir ein. Diese Version konnte ich gut glauben. „Also habe ich nur den Hauptkrebs an der Bauchspeicheldrüse, der ins Gewebe eingewachsen ist und 2 Mini-Metastasen an der Leber." Dieser Gedanke gefiel mir recht gut.
„Und diese 2 an der Leber krieg ich auch noch weg", dachte ich mir.

„Also alles in Ordnung", sagte Herr Dr. Kurz zu mir.
„Eine neue Chemotherapie ist momentan nicht angezeigt. Passen Sie allerdings auf, dass Sie kein Gewicht verlieren. Wenn etwas ist, kommen Sie auf jeden Fall wieder vorbei. Ansonsten empfehle ich Ihnen, das CT wieder bei uns im Haus zu machen, da hat man den eindeutigen Vergleich."
Das hätte ich sowieso gemacht.
Ich legte großen Wert darauf, eine regelmäßige CT-Kontrolle weiterhin in der Uniklinik zu machen. Zu der Uniklinik hatte ich Vertrauen, ich wollte nie mehr in eine andere Klinik gehen.

Der neue Termin wurde für Anfang August angesetzt und ich sollte einen Tag danach wegen dem Ergebnis anrufen.
Die Blutwerte wollte ich wie gehabt vorab bei meinem Hausarzt machen lassen.

Selbstanalyse

N achdem ich diesen guten Befund erhalten hatte, fiel mir ein großer Stein vom Herzen. Die Unsicherheit, welchen Verlauf mein weiteres Leben nehmen wird, bleibt wohl immer.

Ich bin aber ein positiv denkender Mensch und mache nicht ständig Pläne für die weitere Zukunft, sondern ich freue mich über die Gegenwart, dass das Wetter schön ist und setze mich mit einer Tasse Kaffee in die Sonne.

Meine positive Einstellung beruht auch darauf, dass ich überzeugt bin, dass der liebe Gott mich beschützen wird.

Jürgen und ich waren mehrfach im Wallfahrtsort Altötting gewesen, da empfand ich eine tiefe Verbundenheit und Zuversicht. Voller Interesse las ich die Bitt- und Dankesschriften, die verzweifelte Menschen neben der Kirche angebracht hatten. Als Andenken nahm ich mir das letzte Mal die schwarze Madonna mit Kind in Miniaturausgabe mit und bewahrte sie in meiner Nachttischschublade auf. Jeden Abend beim Zubettgehen küsste ich sie sowie meine anderen Glücksbringer und bedankte mich für deren Schutz.

Ich war überzeugt davon, dass der liebe Gott mir einen Dämpfer erteilen wollte, indem ich diese schreckliche Krebsdiagnose erhielt. Abgesehen von der Schulmedizin, die mir das Leben gerettet hatte und der Komplementärmedizin lag es an mir, mein Leben neu zu überdenken und umzukrempeln.

Ich erkannte, wo meine Fehler und Schwächen lagen und dass nicht ich alleine die Welt retten konnte.

Ich bin zwar nach wie vor ein hilfsbereiter Mensch, aber früher drängte ich mich nahezu den Menschen auf, ihnen helfen zu dürfen. Ein Fall war z.B. unsere Pflegerin Rodica mit ihren Töchtern. Stets war ich zur Stelle wenn sie nur kurz mit dem Finger schnipsten, half ihnen Anträge zu stellen und regelte alles Schriftliche.

Sehr oft baten sie mich beim Ausfüllen diverser Formulare um Hilfe. Es hatte sich eingebürgert, dass sie mit einem Schreiben kamen und ich sofort alles liegen und stehen ließ und für sie alles ausfüllte. Nie hatte ich mich abgegrenzt und zuerst andere Prioritäten gesetzt.

Wahrscheinlich wollte ich mein ‚Mutter Theresa Syndrom' weiter ausbauen und einen Orden für meine Hilfsbereitschaft bekommen.

Ich habe mich insoweit geändert, als dass ich jetzt warte, bis jemand mit einer Bitte an mich herantritt und ich dann zuerst überlege ob ich helfen will, dann ich welchem Ausmaß und wann. Früher bin ich gleich gesprungen, habe dadurch meine eigenen Sachen liegen gelassen. Jetzt habe ICH erstmal Priorität. Wenn ich Zeit habe und es ist niemand anderes dafür da, dann helfe ich.

Ich baue mir jetzt genügend Pausen in den Alltag ein, genieße mehr den Augenblick und höre in meinen Körper hinein. Früher hatte ich den ganzen Tag mein selbst erstelltes Programm und gönnte mir kaum eine Pause.

Stets fiel mir etwas ein, was ich machen musste: Putzen, einkaufen, Büro, die Liste war unendlich.

Hatte ich abends Zeit zum Abschalten, war ich zu müde, um z.B. zu lesen, das tat ich ja sehr gerne.

Immer kamen andere Personen zuerst, ich kam - wenn überhaupt - als Letztes. Ich hatte einfach funktioniert, mir keine Gedanken über meine Gefühle gemacht oder welche Wünsche und Träume ich eigentlich habe.

Das zu erkennen war ein schmerzhafter Prozess, durch den mich auch meine Heilpraktikerin trug. Sie hinterfragte mein bisheriges Leben, angefangen in meiner Kindheit, wo meine Seele recht früh durch den Tod meiner Mutter Schaden genommen hatte. Meine Stiefmutter liebte nur meinen Bruder und nicht mich, deswegen hatte ich diesen Komplex entwickelt, dass ich mir durch meine Leistungen und meine Hilfsbereitschaft ihre Liebe erkaufen könnte.

Dies begleitete mich mein ganzes Leben und meine Therapeutin half mir, dies aufzuarbeiten. Ich schrieb Briefe (die nie abgeschickt wurden) an meine damalige Stiefmutter und beschrieb ihr die Situation, wie sie mich durch ihren Liebesentzug und ihre Zurückweisung gekränkt hatte und dass ich ihr aber jetzt verzeihen würde.

Auch dafür bin ich meiner Therapeutin sehr dankbar, dass sie mir durch ihre psychotherapeutischen Gespräche in der Aufarbeitung meiner Gefühle half und mir stets gut zuredete, dass ich meine Krankheit überwinden würde.

Auf ihren Vorschlag hin erstellte ich auf meinem Handy auf dem Startbildschirm den Spruch: Ich bin dankbar und glücklich für mein neues Leben! Darunter hatte ich ein riesiges, vierblättriges Kleeblatt plaziert.

Sie lehrte mich auch Dankeslisten zu schreiben, es ist nicht selbstverständlich, dass es einem gut geht, man zu essen und trinken hat und nicht frieren muss. Überhaupt sind wir in unserer westlichen Welt sehr verwöhnt; wir müssen nur mit dem Finger schnipsen, Geld haben wir, und schon kann man was Schönes kaufen, kulturell etwas unternehmen oder reisen, die Liste ist riesig. Durch den Coronavirus wurden wir alle „geerdet".

Man hatte zwar Geld, aber die Grenzen waren teilweise zu und man konnte nicht reisen. Es fanden auch so gut wie keine Veranstaltungen statt und die Menschen waren vorzugsweise zu Hause. Dazu kam aber auch, dass eine Reihe von Leuten Kurzarbeit hatte oder durch Corona den Arbeitsplatz verlor. Diese kämpften dann buchstäblich ums wirtschaftliche Überleben.

Viele hatten angefangen, daheim erst das Haus, dann den Keller und zuletzt das eigene Leben zu entrümpeln.
Und fingen an zu erkennen, dass alles, was wirklich im Leben zählt, nicht zu kaufen ist:
Liebe, Gesundheit, Freundschaft, Familie, Vertrauen, Glaube.

Was mich auch besonders freute war, dass meine Haare wieder ein ganzes Stück gewachsen waren! Am Anfang war es nur ein ganz leichter Flaum, mit der Zeit aber wurden sie wohl auch Dank der Nahrungsergänzungsmittel dichter und die Farbe änderte sich dann auch von grau auf blond, wie ich vorher war. Ich fand das so toll und strich mir oft durch die Haare – einfach nur, weil es sich so herrlich anfühlte!

Alles in allem kann ich sagen, dass ich mich lieben gelernt habe. Ich weiß, was für ein wertvoller Mensch ich bin und ich zweifle nicht mehr an mir. Ich muss mir keine Zuneigung mehr erkaufen. Ich bin nun rundherum zufrieden und denke, dass alles gut werden wird.

Raus in die Natur

J ürgen und ich fuhren schon immer gerne Fahrrad und beschlossen, uns E-Bikes zu kaufen.
Wir hatten uns 2018 schon einmal welche ausgeliehen und 2x den Chiemsee umrundet, das hatte uns sehr gut gefallen.
Damals fuhren wir gemütlich ohne Stress und kehrten zu den Brotzeiten jeweils in einen Biergarten ein.

Das Fahrradfahren war jetzt in Corona-Zeiten der neue Renner, denn reisetechnisch gesehen konnte man nicht viel unternehmen. Jürgen und ich fuhren also in den Nachbarort, um uns nach E-Bikes umzusehen. Wir hatten einen Termin für eine Beratung ausgemacht und ich redete gleich Tacheles mit dem Verkäufer.
Wir wollten zuverlässige, stabile E-Bikes, die auch gut aussahen, einen kompakten Akku hatte und sich preislich innerhalb unseres Limits befanden.
Wir wurden recht schnell fündig und ließen an meinem Lenker noch einen Adapter anbringen, damit unser Hund Bailey auch im Fahrradkorb mitfahren konnte.
Glücklich radelten wir nach Hause und freuten uns, dass es so schnell mit den E-Bikes geklappt hatte, waren sie vielerorts doch bereits ausverkauft.

Von da an machten wir oft Ausflüge in die Natur, zu einem nahen See in einen Biergarten oder in einen Wald zum „Waldbaden."
Dies beschreibt auch Rüdiger Dahlke in seinem Buch.
Man taucht in die Atmosphäre des Waldes ein, fühlt sich eins mit der Natur, genießt die Stille und das gedämpfte Licht im Wald.

Durch das tiefe Einatmen der frischen Luft im Wald wird vermehrt Sauerstoff in die Lungen eingeatmet und Kohlendioxid ausgeatmet. Dadurch bildet der Körper mehr natürliche Killerzellen und aktiviert sein Immunsystem.

Jürgen und ich hatten vorgehabt, unter anderem in ein Wellnesshotel zu fahren, was allerdings coronabedingt storniert wurde. Später ab Juni wurden diese Hotels zwar unter Auflagen wieder geöffnet, allerdings mit drastischen Einschränkungen wie Maske
tragen, desinfizieren, Duschen nur auf dem eigenen Zimmer, da
hatten wir keine Lust darauf.

In der Tageszeitung las ich einen Artikel über kleine Holzhütten in
einem Dorf im Allgäu – Chalets - die eine sehr schöne Lage und
Ausstattung hatten. Jedes Chalet verfügte über eine Regenfalldu-
sche, eine eigene Sauna und auf der Terrasse über einen beheizba-
ren Badebottich. So hatte man alle Annehmlichkeiten eines Well-
nesshotels aber in den eigen 4 Wänden.

Die Chalets besaßen eine hochwertige Ausstattung aus warmen
Holz und Natursteinen, sowie eine perfekt eingerichtete Küche.
Man konnte sich morgens vorab schon einen Kaffee zubereiten
(Pulver war vorhanden) und gemütlich auf dem Canape relaxen,
bevor das Frühstück geliefert wurde.

Das Frühstück, welches man sich am Vortag zusammenstellen ließ
und zu gewünschter Uhrzeit bestellte, war sehr umfangreich, bestand aus lauter frischen, regionalen Lebensmitteln und ließ keine
Wünsche offen.
Wir genossen diesen Service sehr, wobei die Liebe zum Detail of-
fenkundig war, wie z.B. ein frisch gepflückter, auf den Frühstücks-
tisch platzierter Blumenstrauß oder Verzierungen mit Herzen auf
dem Frühstücksablett.

Meine Nahrungsergänzungsmittel, wenn auch recht umfangreich,
nahm ich alle mit, um keine Unterbrechungen zu riskieren.
Einzig den Graviola-Tee brühte ich nicht frisch auf, für solche Fälle
hatte ich Graviola Kapseln*, wo ich ausweichen konnte.

Auch unseren Hund Bailey durfte ich mitnehmen, da unser Chalet auch einen kleinen, eingezäunten Garten hatte. Außerdem hatten wir auch einen Kachelofen, den wir auch im Juli anzündeten, da er so viel Gemütlichkeit ausstrahlte.

Bailey suchte sich gleich seinen Lieblingsplatz auf der Couch auf einem Fell aus, dort fühlte er sich wohl.

Nachdem wir uns mit dem opulenten Frühstück gestärkt hatten, brachen wir mit Bailey zu unserem Ausflug auf.

Wir hatten eine Klamm ausgesucht, die wir durchwandern wollten.

Die Stufen waren sehr hoch und schlüpfrig, sodass ich gleich am Einstieg ausrutschte und hinfiel. Es tat ganz schön weh, aber ich biss die Zähne zusammen und weiter ging's.

Die Tour war eine echte Herausforderung für uns. Es ging steil und schmal zwischen den Felsen weiter. Bailey schlug sich ganz gut, aber ab und zu musste ich ihn tragen, die Stufen waren zu hoch für unseren kleinen Hund.

Zwischen den Felsen am Wasserfall waren Leute mit einem Helm auf dem Kopf zu sehen, die sich mutig beim Canyon-Rafting in die Fluten stürzten.

„Respekt vor diesen Leuten", sagte ich zu Jürgen, der mir beipflichtete. Nach gut 2.5 Stunden hatten wir das Gröbste geschafft und es wartete eine Alm auf uns.

„Jetzt will ich einen Kaffee und ein Stück Kuchen", sagte ich zu Jürgen. Ich musste mich unbedingt stärken, ich merkte wie ich zittrig und am Ende meiner Kräfte war. Der Appetit auf den Kuchen war stärker als die Angst vor dem Zucker darin.

Ich bestellte mir einen Heidelbeerkuchen (zumindest die Beeren waren gesund) und Jürgen einen Apfelstrudel mit Vanilleeis.

Es schmeckte köstlich und ich redete mir ein, da wir uns so angestrengt hatten, würde der Kuchen, den wir gegessen hatten, nicht so schlecht sein.

Nachdem wir uns erholt hatten, konnten wir die restliche Strecke bergab ins Tal gut bewältigen. Ich war sehr stolz auf mich, dass ich es so gut geschafft hatte.

Überhaupt versuchte ich, ein ganz normales Leben trotz Krebs zu führen. Er sollte mich nicht an einem ausgefüllten Leben hindern. Als wir in unserem Chalet ankamen, waren wir froh, aus unseren verschwitzten Klamotten zu schlüpfen und setzten uns gleich in die Sauna, um den aufkommenden Muskelkater zu unterdrücken. Anschließend erfrischten wir uns noch auf der Terrasse in unserem Badebottich.

Am nächsten Tag war leider schon wieder nach einem leckeren Frühstück die Heimreise angesagt. Wir buchten allerdings erneut, diesmal 2 Nächte für Ende Oktober.

Status Quo?

G leich am nächsten Tag hatte ich einen Termin zur Blutabnahme in unserer Hausarztpraxis, da die Woche darauf wieder ein CT zur Kontrolle anstand.
Natürlich war ich wieder aufgeregt, ob die Werte passen würden. Ich fühlte mich unverändert gut, bekam aber gesagt, dass meine Leberwerte leicht erhöht waren, es allerdings keinen Grund zur Beunruhigung gab.
Diese Werte sind auch leicht irritierbar; ich hatte z.B. im Chalet beim Abendessen ausnahmsweise ein halbes Glas Prosecco mit Beeren getrunken. Das war das erste Glas Alkohol nach einem Jahr Abstinenz, und ich hatte auch Frühstückssemmeln gegessen, die nicht nur aus Dinkel bestanden. Ich machte mir keine Gedanken und wartete den CT Termin ab. Die Tumormarker, Entzündungswerte, Nierenwerte, Schilddrüse, allesamt waren im grünen Bereich.

Anfang August fuhr mich Jürgen in die Tagesklinik zum CT.
Es gab ein großes „Hallo" mit den Angestellten, es gab neue Pfleger und auch Ärzte. Obwohl ich an einem Montag dort war - zuvor hatte ich auch immer montags die Chemo bekommen - sah ich kein bekanntes Patientengesicht. Sofort drängte sich mir die Frage auf, was mit ihnen passiert war: Waren sie geheilt oder verstorben?

Ich ging, nachdem ich das Kontrastmittel getrunken hatte, in die Uniklinik hinüber für das CT. Es war deutlich weniger los als ich es gewohnt war, ich schob es auf die noch andauernde Corona-Krise zurück. Viele Patienten hatten immer noch Angst, in ein Krankenhaus zu gehen.
Nachdem das CT gemacht war, telefonierte ich mit Jürgen und er holte mich ab.

Am nächsten Tag rief mich wie vereinbart Herr Dr. Kurz an, um mir grob das Ergebnis mitzuteilen. „Frau Fleischer, es sieht gut aus, es ist nichts weiter gewachsen", teilte er mir mit.
„Reden wir am Freitag nochmal genauer darüber, wenn sich die Radiologen das Bild angesehen haben."
Da war ich schon mal sehr froh und wartete auf Freitag.
Diesmal rief ich an und verlangte Herrn Dr. Kurz.

Er bestätigte mir nochmals den bereits erteilten Befund und sagte, dass alles stabil, also unverändert sei.
Er gratulierte mir, dass ich es ohne Chemo inzwischen 6 Monate geschafft hatte, den Tumor mit den Metastasen in Schach zu halten.
„Es reicht, wenn Sie Anfang November zum nächsten CT kommen", sagte er zu mir. „Aber bitte, passen Sie auf, dass Sie nicht an Gewicht verlieren oder Schmerzen bekommen. Dann kommen Sie sofort vorbei."
Ich bejahte dieses, verabschiedete mich von ihm und empfand eine tiefe Befriedigung.
Alles was ich machte und aß, hatte sich als richtig erwiesen und dem Krebs Einhalt geboten.
Ich klopfte mir selbst auf die Schulter und sagte zu mir:
„Trixi, das hast du gut gemacht, du bist auf dem richtigen Weg."

Urlaub in Zeiten von Corona

D ie Corona-Krise dauerte nun schon 6 Monate an, nach Expertenmeinung befanden wir uns immer noch am Anfang. Die Welt wartete sehnsüchtig auf einen Impfstoff; weltweit liefen ca. 170 Impfprojekte. Einzig Russland hatte einen Impfstoff, der allerdings bereits vor der Phase 3 freigegeben war und nicht richtig getestet wurde.

Das Reisen erwies sich als recht schwierig in diesen Zeiten, denn was heute sicher war, konnte 2 Tage später bereits als Risikogebiet ausgewiesen sein.

„Lass uns einen Kurzurlaub mit unseren E-Bikes machen", schlug ich Jürgen vor.

Wir hatten Satteltaschen und einen Trolley für unser Fahrrad gekauft und wollten zunächst 2 Nächte wegbleiben.

Wir buchten einen bodenständigen Gasthof in der Nähe unserer neuen Heimat kurz hinter Mühldorf und einen anderen bei Wasserburg. Von dort aus wollten wir wieder heimfahren.

Wir hatten uns Handyhalter für das Radl gekauft und fuhren nach ‚Google Maps' und später ‚Komoot'.

Wir sahen gut bepackt aus und Bailey saß bei mir vorne im Körbchen. Es machte riesig Spaß, an der Luft zu fahren und das Panorama ringsherum zu bestaunen.

Am ersten Tag kündigte sich mittags ein Gewitter an und so fuhren Jürgen und ich zu einer Pizzeria, da wir auch Hunger verspürten.

Pizza ist sowieso tabu für mich und so wählten wir beide einen Salat mit Hühnerstreifen, der sehr lecker war.

Jürgen ist ja Diabetiker und deshalb ist für ihn die gesunde, kohlehydratarme Kost auch sehr gut. Inzwischen hatten sich seine Werte so gebessert, dass er kein Insulin mehr spritzen musste.

Kurz darauf öffnete der Himmel seine Schleusen und wir verzogen uns nach drinnen, unsere Fahrräder samt Gepäck durften wir Gott sei Dank ins Restaurant mit hinein nehmen.

Nach 1.5 Stunden war das Gewitter vorbei und wir konnten weiterfahren. Dem Wirt gab ich ein großzügiges Trinkgeld, da er uns gestattet hatte, unsere Radl ins Trockene zu bringen.

Wir setzten unsere Fahrt in Richtung Mühldorf fort, vorbei an Feldern, Wäldern, über Fahrradwege, aber leider auch oft über stark befahrene Straßen ohne Fahrradweg.

Das Wetter war gut, es tröpfelte noch ganz leicht, aber später kam dann die Sonne raus. Nachdem wir uns gegen Abend verfahren hatten und unseren Gasthof nicht fanden, riefen wir kurzerhand dort an und wurden dann auf den rechten Weg gelotst.

Fix und fertig aber glücklich kamen wir gegen 18 Uhr und nach 78 km Fahrt an. Nach dem Abendessen mit Forelle und Gemüse/Salat schliefen wir bereits um 20 Uhr erschöpft ein. Auch Bailey streckte sich sofort gleich aus.

Am nächsten Tag starteten wir nach dem Frühstück und es ging in Richtung Wasserburg.

Laut Plan gibt es eigentlich bis dorthin einen Innradweg, den „Google Maps" nicht finden wollte und so mussten wir des Öfteren Leute nach dem Weg fragen.

Diese waren alle sehr hilfsbereit und wir konnten streckenweise den Innradweg genießen, leider unterbrochen von einigen Baustellen und Ausweichrouten auf stärker befahrenen Straßen. Es klappte alles recht gut, ich genoss diese Art der Fortbewegung sehr. War man ja flexibel, unabhängig und bewegte sich an der frischen Luft bei Sonnenschein und tat dabei etwas für seine Gesundheit.

Mir ging das Herz auf, ich atmete tief durch und freute mich des Lebens.

Als wir abends in Wasserburg ankamen, half uns wieder ein freundlicher Radfahrer, der sah, wie wir hilflos auf unsere Handys starrten.

Er bot uns seine Hilfe an und brachte uns bis kurz vor den Gasthof.

Wir bezogen unser Zimmer und Bailey war froh, wieder festen Boden unter seinen Pfoten zu haben.

Im Biergarten des Innenhofs ließen wir uns das Abendessen, Hühnchen mit Gemüse, schmecken und genossen die letzten Sonnenstrahlen.

Tags darauf hatten wir die kürzeste Wegstrecke und waren nach 38 km Fahrt, vorbei an Wiesen, Wäldern und Bauernhöfen wieder zu Hause.

Wir waren begeistert, dass alles so prima geklappt hatte und nahmen uns vor, in Zukunft Lautsprecherkabel und eine Powerbank für das Handy mitzunehmen, durch den Verkehr hört man das Navi schlecht und der Akku geht recht schnell zur Neige.

Ich hatte wieder etwas gefunden, was mich glücklich machte.

Sich an der frischen Luft in der Natur bewegen, es gibt nichts Schöneres.

Ausblick und Resümee

Überhaupt hatte ich in den vergangenen 14 Monaten viel über mich gelernt.
Ich denke es ist wichtig, die Krankheit „Krebs" als komplexe Krankheit zu sehen. Also nicht nur auf körperlicher, sondern auch auf geistiger und seelischer Ebene. Dies zu erkennen verdanke ich meiner Therapeutin, die mir meine Defizite vor Augen führte, mich psychologisch betreute und durch ihr intensives Coaching in mir ein Umdenken auslöste. Mich mit meinen Zielen und Wünschen wieder als wichtigsten Menschen zu sehen, mich zu lieben und stets optimistisch und auch dankbar zu sein. Ich habe gelernt in mich hinein zu hören und mir Gutes zu tun. Dies ist für die Krebsbekämpfung ganz wichtig, da bin ich mir sicher.

Die Schulmedizin ist wichtig für die Erstbekämpfung des Krebses.
So gesehen hatte die Diagnose „Krebs" doch einen Sinn ergeben: Mich vom falschen auf den richtigen Weg zu bringen.
Und zu erkennen, was im Leben wirklich zählt.
Es sind die Familie und die Freunde, da trennt sich schnell die Spreu vom Weizen.
Geld ist nicht wichtig, es beruhigt – ja, und man braucht es, aber es zählt nicht das Materielle sondern das Menschliche, die Kleinigkeiten.

Wie genieße ich es heute: Spazierengehen in der Sonne, der Wind umweht mich sanft, ich bestaune die Natur, den Vogel, der zwitschernd in einer Pfütze sitzt.
Ich denke, ich bin jetzt bei mir angekommen: Ich bin eins mit meinem Körper, genieße das Hier und Jetzt. Niemand weiß, was morgen kommt.

Früher war ich immer gestresst und unter Strom, ja ich war auch ein Perfektionist und wollte alles sofort und 1000%ig machen.

Natürlich hat sich mein Charakter nicht um 180 Grad gewandelt. Ich bin nach wie vor sehr sensibel, hilfsbereit und gehe auf die Menschen zu. Der Unterschied ist, dass ich mein Innerstes, meine Seele, eingekapselt habe. Ich lasse diese negativen Emotionen nicht mehr so an mich heran, wie ich es früher getan habe. Ich kann mit dem seelischen Schmerz durch eine Zurückweisung, Kritik oder einen Angriff besser umgehen. Ich kann es abschütteln wie Wassertropfen, oder wie ein Hund, wenn er aus dem Wasser kommt. Ich weiß, was ich wert bin, ich habe mich selbst lieben gelernt, was ich vorher nicht konnte.

Die Krankheit hat mir gezeigt, wie lebens- und liebenswert das Leben ist und mir gelehrt, mich nicht mehr über Nichtigkeiten zu ärgern. Ich sorge mich auch nicht mehr; es kommt wie es kommt, man hat eh keinen Einfluss darauf.

Meine Familie ist nach wie vor das Wichtigste in meinem Leben. Mein Ziel ist es, meinen neu gefundenen Weg stetig weiter zu gehen und mein Leben mit meinem Mann Jürgen zu genießen!

Ich weiß, dass nur wenige Patienten mit Bauchspeicheldrüsenkrebs die ersten 5 Jahre überleben. Gehöre ich dazu?

Ich weiß es nicht, aber ich habe die Vorzüge der Schul- und auch der Komplementärmedizin kennengelernt und weiß nun, dass man die Krankheit „Krebs" ganzheitlich behandeln sollte. Ich tue mein Möglichstes und lasse mich nicht unterkriegen!

Die Schulmedizin mit der Chemo hat mein Leben gerettet, aber ohne Komplementärmedizin mit den stärkenden und ausleitenden Infusionen und mentalen Gesprächen mit meiner Heilpraktikerin, den inspirierenden Büchern von Betroffenen, die geheilt wurden sowie den Nahrungsergänzungsmitteln und meiner Diät hätte ich es nicht geschafft. Ich bin auch so froh, dass ich Vertrauen in meinen Körper entwickelt habe und den Absprung nach der Chemo gefunden habe, mein Leben selbst in die Hand zu nehmen und zu sehen, was meinem Körper gut tut und was nicht.

Sehr wichtig war auch für mich die gesunde Ernährung:
Kein Zucker, Low Carb - kaum Kohlenhydrate, der Verzicht auf
Alkohol und mein geliebter Graviola-Tee!
Diesen habe ich durch Sandra kennengelernt.
Sandra, vielen Dank hierfür und dass du mich durch diese schwere
Zeit der Krebsdiagnose begleitet hast!

Nicht zu vergessen meine Familie, meine Kinder, Schwiegerkinder,
Freunde und meinen Mann Jürgen, die mich stets unterstützten
und mir Kraft gaben, gegen die Krankheit anzugehen und mir dabei halfen, positiv zu denken.
Wenn ich auch nicht weiß, wie mein Leben die nächsten Jahre gesundheitlich verläuft, so war es mir wichtig, für betroffene Patienten dieses kleine Buch zu schreiben.

Man sollte sich nicht nur an die Vorgaben der Ärzte halten, sondern sein Leben selbst in die Hand nehmen, aktiv gegen die
Krankheit angehen und sich selber informieren und den für sich
passenden Wege einschlagen.
Für mich war es die Schulmedizin in Verbindung mit der Komplementärmedizin.
Nicht aufgeben, sondern kämpfen, der Glaube versetzt Berge!
Sehr geholfen haben mir auch einige Bücher, die ich im Anhang
namentlich erwähne.

Wenn ich mit diesem Buch auch nur einen Patienten dazu ermutigt
habe, die Hoffnung nicht aufzugeben und aktiv gegen diese
Krankheit anzugehen, hat es sich tausendfach gelohnt!!

Herzlichst
Patrizia

Quellenverzeichnis

Internetquellen:

Cellsymbiosis-Therapie:

www.mitochondriopathien.de/service/fachliteratur/cellsymbiosis therapie-nach-dr-med-heinrich-kremer/

Chelat-Therapie:

www.chelat.biz
www.chelat-therapie.info

www.tisso.de (Nahrungsergänzungsmittel)
www.graviola-ratgeber.info (Graviola-Tee)
www.biotikon.de (Graviola Kapseln)
MoriVeda Graviola-Tee: Bezug über Amazon

Bücher:

Béliveau, Richard/Gingras, Denis (2018): Krebszellen mögen keine Himbeeren, 4. Auflage, in: Goldmann Verlag.

Dahlke, Ruediger (2019): Krebs Wachstum auf Abwegen, 1. Auflage, in: Arkana Verlag.

Dahlke, Ruediger (2019): Peace Food Keto-Kur, 4. Auflage, in: Gräfe und Unzer Verlag.

Turner, Kelly A. (2020): 9 Wege in ein krebsfreies Leben, 7. Auflage, in: Irisiana Verlag

MIX
Papier | Fördert
gute Waldnutzung
FSC® C083411

Zeitfracht Medien GmbH
Ferdinand-Jühlke-Straße 7
99095 Erfurt, Deutschland
produktsicherheit@kolibri360.de